Le sourire intérieur

Swamini Krishnamrita Prana

Mata Amritanandamayi Center, San Ramon
Californie, États-Unis

Le sourire intérieur
par Swamini Krishnamrita Prana

Publié par :
Mata Amritanandamayi Center
P.O. Box 613, San Ramon, CA 94583
États-Unis

Première édition par le Centre MA : Mars 2017
Deuxième édition : Avril 2018

En France :
Ferme du Plessis
28190 Pontgouin
www.ammafrance.org

Au Canada:
http://ammacanada.ca/?lang=fr

En Inde :
www.amritapuri.org
inform@amritapuri.org

Table des matières

L'amour s'est incarné sur Terre
Avec splendeur et beauté, naissance inouïe
Elle a marché parmi nous en toute simplicité
Sous le déguisement d'un être
humain comme vous et moi

Elle a répandu sur nous toutes sortes de grâces
Versant des larmes pour l'humanité entière
Son beau visage souriant nous a regardés
Elle nous a attirés dans ses bras avec douceur

Avec une grande tendresse, elle
nous a serrés sur son sein
A essuyé nos larmes et nous a offert le repos
Elle nous a étreints, nous a embrassé le visage
En disant : « Repose- toi dans mon
giron, à l'abri et au chaud »

Elle a versé des larmes pour nous laver
Elle a souffert et peiné pour soulager notre douleur
Elle a guéri, enseigné, purifié
Elle a prié, chanté, ri et pleuré

Elle a marché parmi nous et traversé les mers
Elle a parcouru le monde entier,
nous appelant, vous et moi
Elle s'est faite belle et a porté une couronne
Elle s'est révélée à nous en nous ouvrant son cœur

L'amour s'est incarné pour que nous puissions Voir
Elle est venue dans sa compassion pour nous libérer
La Compassion et l'Amour sont devenus sacrifice
Puisqu'elle nous a offert sa propre vie

Elle a donné, donné, donné ;
jour et nuit elle a donné,
Elle a donné, donné, donné, et a fini
Par se donner elle-même.

Chapitre 1

Choisir le bonheur

*Un lionceau demande un jour à sa mère :
« Maman, où réside le bonheur ? ». « Il est sur
ta queue, mon fils ». Alors, toute la journée, il
tente sans répit d'attraper sa queue, dans l'espoir
d'attraper ainsi un peu de bonheur. Mais le soir
venu, il n'est pas plus proche du bonheur qu'au
matin. Quand il en parle à sa mère, elle lui
sourit et dit : « Mon fils, inutile de pourchasser
le bonheur. Aussi longtemps que tu suivras le
droit chemin, le bonheur sera toujours avec toi. »*

Amma dit souvent : « Le bonheur est une
décision, comme toute autre décision ». Mais
comment, au juste, pouvons-nous choisir d'être
heureux ?

Beaucoup de gens mènent une vie pleine de
stress, dans une course effrénée pour acquérir des
objets et satisfaire des désirs frivoles. Ils perdent
ainsi ce qu'il y a de plus précieux : la paix du

moment présent. Nous courons toute la journée dans un cycle infernal, en quête d'un frisson, d'une nouvelle distraction, sans jamais trouver, semble-t-il, la plénitude ultime à laquelle nous aspirons.

Randy Pausch, professeur en informatique et père de trois enfants, avait quarante-sept ans quand il mourut d'un cancer du pancréas. Il donna sa dernière conférence devant une salle comble quelques mois avant sa mort et fut une source d'inspiration pour des gens du monde entier : il changea le regard qu'ils portaient sur la mort.

Il savait qu'il ne lui restait plus que six mois environ à vivre, mais il donnait ses conférences avec amour et enthousiasme. Il allait jusqu'à montrer à l'assistance à quel point il était en forme en se mettant par terre pour faire une série de pompes. Il voulait que tout le monde sache qu'il était plein de vie, même s'il était sur le point de mourir.

Il avouait publiquement que, tout en sachant qu'il allait mourir, il s'amusait beaucoup et qu'il avait bien l'intention de continuer ainsi durant chaque précieuse journée qu'il lui restait encore à vivre. Il expliquait sa façon de vivre, partageait ses espoirs, ses convictions et ses rêves. Par son exemple, il enseignait à vivre pleinement chaque jour comme s'il s'agissait du dernier et à mourir dans la gratitude, l'émerveillement, le respect et l'acceptation.

Pausch a inspiré des millions de personnes sur cette terre. Il les a amenées à réfléchir plus profondément sur deux points : la joie d'être en vie et la possibilité d'accepter à la mort avec grâce. Et si nous apprenions que nous allons mourir dans quelques mois ? Comment occuperions-nous notre temps ? Serions-nous capables de laisser des souvenirs heureux qui font sourire ceux qui restent, comme il y est parvenu ?

Nous recevons beaucoup et pourtant, au lieu de vivre avec émerveillement et gratitude, nous éprouvons le plus souvent un sentiment de vide et de désillusion. C'est que le désir et l'insatis-faction vont de pair.

Nous croyons peut-être que la liberté absolue d'agir à notre guise nous comblera, mais c'est une erreur. Amma nous le rappelle souvent : « Mes enfants, le chagrin ne survient qu'à la suite du désir. »

Amma nous dit : « Même si l'extérieur est climatisé, le mental, lui, ne l'est pas. La spiritualité nous enseigne comment climatiser le mental. C'est le besoin vital de la société actuelle, voilà ce qu'Amma ressent fortement. Le mental brûle constamment de désir et les gens courent follement en quête de la paix et du bonheur, sans jamais les trouver. Partout règnent le malheur, la confusion, la guerre et la violence. »

Pour trouver la paix, la seule voie est au contraire d'aimer et de servir les autres. Ce qui nous apporte infiniment plus que les plaisirs du monde, c'est d'appliquer les valeurs justes dans notre vie quotidienne. Aimer et servir autrui avec l'attitude correcte, telle est la voie qui mène à la tranquillité intérieure.

Il faut également posséder une juste compréhension de ce qu'est la spiritualité, à défaut de quoi nous serons toujours déçus. Certes, il est essentiel de faire de bonnes actions, mais cela ne suffit pas. Efforçons-nous de faire le bien, tout en gardant à l'esprit l'impermanence inhérente à ce monde, sans rien attendre en retour.

Si nous ne nous appliquons pas à semer des graines de bonnes actions et de valeurs éternelles, nous finirons par être consumés par des angoisses de toutes sortes. A l'état sauvage, notre mental est envahi par une multitude de pensées conflictuelles qui génèrent en nous de la souffrance. Il est impossible d'y échapper complètement. Mais cela ne veut pas dire que nous devons choisir d'être malheureux.

Les actions, les paroles et les pensées dans lesquelles nous investissons notre énergie nous reviennent toujours comme un boomerang. Vivre de façon désintéressée, dans une attitude d'acceptation et de gratitude, nous apporte une paix et un bonheur durables ainsi qu'une raison de vivre.

Lors d'un programme de deux jours à Bangalore, je suis allée me promener une après-midi autour de l'ashram. J'ai vu trois enfants assis au bord de la route devant une petite cabane délabrée dans laquelle ils vivaient sans doute. Les murs étaient couverts de bâches bleues déchirées et de la fumée sortait du toit de tôle et des fenêtres. Leur mère était sans doute en train de préparer le diner.

Cette famille vivait dans une pauvreté extrême, et cet environnement semblait bien trop insalubre pour y élever des enfants. Cependant, ils avaient l'air très heureux. Les enfants, assis par terre au bord de la route, riaient aux éclats en jouant avec un petit jouet à remontoir en plastique.

Je savais que leur vie devait être difficile, constamment menacée du fait de la proximité de la route, mais ils avaient l'air de l'oublier joyeusement, transportés par leur jeu dans un monde magnifique, plein de joie et de paix. Que dire de nous qui avons tout mais demeurons insatisfaits ?

Certaines personnes choisissent de diriger leur esprit de façon positive et d'être heureuses. D'autres sont en revanche très clairement contentes d'être malheureuses. Le choix dépend entièrement de nous.

Une jeune fille connaissait Amma depuis son plus jeune âge. Enfant, elle avait vécu plusieurs années à *Amritapuri*, (l'ashram d'Amma en Inde), et avait même eu l'occasion de participer à des batailles d'oreillers avec Amma et d'autres enfants dans la chambre d'Amma.

Adolescente, elle devint très rebelle pendant ses études au lycée. Elle agissait constamment à l'encontre des enseignements d'Amma, cherchant à satisfaire tous les désirs qui lui passaient par la tête, sans jamais envisager leurs conséquences. Ses parents ne parvenaient plus à lui poser de limites. Elle était devenue incontrôlable.

Un jour, alors qu'elle et toute sa famille se préparaient à revoir Amma après une longue séparation, elle fut saisie d'un profond remord. Elle prit conscience que son comportement débridé, loin de la conduire au bonheur, l'avait rendue malheureuse.

Au moment d'aller au darshan, elle avait profondément honte et se sentait coupable. Elle était très nerveuse à l'idée qu'Amma savait tout ce qu'elle avait fait et risquait d'être fâchée contre elle.

Mais Amma la serra très fort dans ses bras et lui murmura à l'oreille : « Ma chérie, ma Chérie, ma FILLE CHÉRIE ! ». La jeune fille comprit en un instant qu'Amma, certes, savait parfaitement tout ce qu'elle avait fait mais que malgré tout, elle l'aimait de façon inconditionnelle. Aujourd'hui, cette jeune fille vit à Amritapuri et a choisi de consacrer sa vie au *seva* (service désintéressé).

Amma vit en pleine conscience, à chaque instant. La moindre de ses actions est accomplie avec une parfaite attention. Elle est une fontaine débordante de nobles qualités et nous en fait profiter à chaque instant de sa vie.

Amma travaille sur beaucoup plus de dimensions que nous ne sommes en mesure de l'imaginer. Pour nous relier à son énergie vibrante, il suffit de hisser le mental à un niveau un peu plus élevé que d'ordinaire et d'ouvrir son cœur.

Lorsque nous nous laissons prendre au piège du monde, nous perdons facilement de vue notre véritable but, qui est de cultiver l'amour et la compassion. Mais il est plus facile de le garder à l'esprit si nous pratiquons la vigilance. C'est la première étape sur le chemin spirituel, et elle nous mène à des états suprêmes de joie et de béatitude.

La vigilance est l'une des valeurs spirituelles essentielles. Elle est le fondement de toutes les nobles qualités et de toutes les pratiques spirituelles. A partir de cette racine croissent toutes les autres vertus. En réalité, le seul but des pratiques spirituelles est de nous aider à développer la vigilance.

A l'époque où elle logeait dans l'immeuble au bord de la mer à Amritapuri, Amma sortit un après-midi se promener près de l'océan. Il y avait peu de gens à cette heure-là, mais une femme était assise sur le sable et récitait l'*archana* (prière sanskrite), fermement concentrée sur les mantras qu'elle lisait dans son petit livre. Avec beaucoup de sérieux, elle s'efforçait de pratiquer la vigilance, imperturbablement concentrée sur ses prières.

Amma passa à côté d'elle et lui jeta un petit coup d'œil par-dessus le livre, mais cette femme était bien décidée à ne se laisser distraire par rien : elle ignora complètement Amma. Quelle ironie : Celle-là même qu'elle priait avec une telle intensité était présente physiquement, et elle ne s'en rendait pas compte. Elle ne vit pas Amma qui se trouvait juste à côté d'elle.

C'est ce qui nous arrive souvent : Nous prions pour réaliser Dieu sous la plus haute forme concevable pour nous mais nous demeurons inconscients de la présence intérieure du Divin, qui nous accompagne toujours, partout.

Si le mental est parfaitement attentif, en pleine conscience du moment présent, il est possible de se relier à Amma où que l'on soit. Amma est totalement dans l'ici et le maintenant, c'est pourquoi elle peut entendre nos pensées et nos prières, et y répondre.

Lorsque nous vivons dans une totale conscience du moment présent, nous connaissons un sentiment de paix et d'équanimité. L'ego n'a alors plus d'espace pour nous harceler en disant : « Eh ! Attends un peu ! J'ai besoin de prendre plus de place ! ». Dommage pour lui, mais lorsque nous sommes en pleine conscience, il n'y a plus de place ! L'ego ne peut pas cohabiter avec la conscience. Il est totalement évincé par la plénitude d'un état conscient.

Cultiver la conscience extérieure est essentiel pour conserver la conscience intérieure. Voilà la qualité primordiale à acquérir. Amma nous dit : « C'est à la lumière de la conscience que l'on voit la réalité des choses ». La vigilance nous conduit à la dévotion, à la foi, et finalement à la prise de conscience que Dieu seul existe.

Ce Dieu que nous prions nous accompagne constamment, Il se cache, déguisé, en toute personne et en tout objet que nous rencontrons. Il faut cependant une vigilance extrême pour que nos yeux et notre cœur s'ouvrent à cette vérité toute simple : le Divin et l'amour sont absolument partout.

Si nous développons la conscience vigilante, le bonheur que nous cherchons sans cesse jaillira de lui-même, et nous découvrirons que jamais notre sourire intérieur ne s'efface.

Chapitre 2

Enseignements pratiques

*Dès que j'ai entendu ma
Première histoire d'amour,
J'ai commencé à te chercher,
Sans savoir à quel point j'étais aveugle.
Les amants ne finissent pas
Par se rencontrer quelque part.
Ils existent l'un en l'autre
Depuis toujours.*

Jalaluddin Rumi

Amma a souvent dit qu'un chercheur spirituel devrait développer d'abord la conscience vigilante (*shraddha*), puis la dévotion (*bhakti*), et la foi (*vishwasam*), précisément dans cet ordre.

Bien souvent, lorsque nous entendons cela pour la première fois, nous ne comprenons pas.

Amma explique que c'est seulement grâce à la conscience vigilante que notre dévotion peut fleurir et s'épanouir avec sincérité, pour devenir une foi inébranlable, parfaite et immuable.

La vigilance (*shraddha*) nous donne la véritable dévotion, qui mène à la vraie foi, chacune de ces qualités conduisant naturellement à l'autre. Il s'agit de procéder selon cet ordre, faute de quoi notre dévotion est fondée sur des sentiments superficiels. Une telle foi est instable, comme le vent qui va et vient.

Amma utilise un exemple lumineux pour nous le faire comprendre. Si un ballon surgit sur la route juste devant la voiture, soyons conscient qu'il est fort probable qu'un enfant arrive aussitôt, courant après la balle. Faisons attention à conduire lentement pour éviter un accident.

J'avais entendu plusieurs fois Amma exposer le processus menant de *shraddha* à *bhakti* et de *bhakti* à *vishvasam*, mais je ne comprenais pas vraiment pourquoi il était important de procéder dans l'ordre. Un jour pourtant, tout devint très clair.

C'était un de ces jours où j'avais eu des relations quelque peu désagréables avec certains résidents de l'ashram. Je finis par éprouver de la gratitude, car cela m'enseignait l'impérieuse nécessité de développer en premier lieu *shraddha*. Toutes les situations ont quelque chose à nous apprendre, si toutefois nous avons l'esprit assez ouvert pour en prendre conscience.

Un soir, lors du tour du sud de l'Inde, j'attendais qu'Amma descende du toit de l'immeuble où elle avait servi le *prasad* (repas béni) afin de l'accompagner dans sa chambre.

En général, j'évite d'approcher Amma si ce n'est pas nécessaire car il y a toujours foule autour d'elle. Néanmoins, je m'assure d'être présente s'il y a des escaliers pour l'aider à monter ou à descendre les marches. Les gens veulent l'approcher, obtenir un regard, sans penser qu'elle risque de manquer une marche ou de trébucher, trop occupée à leur prêter l'attention qu'ils désirent. Cela s'est déjà produit plusieurs fois par le passé.

Cette nuit-là, une résidente s'est placée à l'endroit où Amma allait passer en descendant les marches. Pour la sauvegarde d'Amma, j'ai simplement informé la jeune femme que, comme elle se trouvait sur le passage, j'allais peut-être la bousculer en aidant Amma à descendre.

Connaissant son tempérament, je n'ai pas osé lui demander de se déplacer.

Elle n'a rien répondu, mais juste avant qu'Amma n'arrive, elle s'est penchée vers moi et m'a dit : « Elle est MA mère ! » C'était dit de manière à ce que je comprenne qu'elle me tuerait, si jamais j'osais l'empêcher de toucher Amma lors de son passage. J'ai été quelque peu surprise car en général, les gens respectent les sannyasins. Mais quand il s'agit d'approcher Amma, c'est différent.

A force d'y réfléchir, il devint clair comme de l'eau de roche pourquoi Amma affirme qu'il faut d'abord cultiver *shraddha* avant de développer *bhakti*. Je finis par comprendre, et je me réjouis de cet éclair d'entendement.

Nombreux sont ceux qui tombent amoureux d'Amma et s'attachent à elle, mais sans se soucier de personne d'autre. Les personnes nouvelles ont parfois du mal à comprendre leur comportement insensé. Il arrive en effet que certains, dans leurs efforts pour l'approcher, se comportent comme des bêtes sauvages.

Amma aime que nous ayons l'abandon naturel que les *gopis* (les laitières de Vrindavan) avaient vis-à-vis de Sri Krishna, mais leur dévotion était aussi dotée d'une extrême innocence, innocence que l'on rencontre très rarement en cette ère du *Kali Yuga* (ère du vice). Les gopis oubliaient tout pour suivre Sri Krishna.

Nous devons faire preuve de *shraddha* et discerner le comportement adéquat, l'attitude juste dans les différentes situations que nous traversons. Notre amour est souvent calculateur, au point d'être parfois plus proche de l'égoïsme que de l'amour pur auquel nous accèderions si nous développions d'abord *shraddha*.

Shraddha, la conscience vigilante, est une notion beaucoup plus vaste que celle que nous en avons souvent. Elle comporte aussi les idées de confiance, de foi, de croyance et d'acceptation. Elle désigne aussi la manière dont nous accomplissons nos actions. Dire que nous faisons preuve de *shraddha*, ou de conscience, suppose que nous agissions avec attention, vigilance et sincérité.

Shraddha nous amène à comprendre que tout, dans l'univers, se manifeste pour nous enseigner quelque chose de beau, et que tout provient de la même Conscience suprême. En fin de compte, *shraddha* nous permet de réaliser que Dieu est absolument partout, mais cette focalisation absolue sur Dieu seul exige une énorme capacité de concentration.

C'est en apprenant à être présent à ce qui se passe autour de nous que nous pouvons ressentir la présence intérieure du Divin. Faisons donc avec détermination tout notre possible pour développer une pleine attention dans toutes nos actions. Il s'agit de cultiver la conscience et la vigilance de façon très pragmatique, afin de savoir comment agir au bon moment et de la bonne manière.

Une année, alors que nous arrivions en voiture sur le lieu du programme à Mannheim, en Allemagne, une jeune fille était si transportée d'enthousiasme à l'arrivée d'Amma qu'elle essaya de lui ouvrir la porte avant même que la voiture ne se soit arrêtée. J'ai eu très peur. J'ai saisi le bras d'Amma, de peur que la dévote ne la tire hors du véhicule qui avançait encore, sans se rendre compte de ce qu'elle faisait.

La dévotion enthousiaste est une bonne chose, mais elle devrait trouver sa source dans un juste discernement. Cette fille, dans sa

« dévotion exaltée », a failli faire tomber Amma de la voiture.

Si telle est notre vraie nature, pourquoi est-il si difficile d'être pleinement conscient ? Si nous avons pris l'habitude de vivre dans un état d'absence, c'est que nous avons passé très peu de temps à cultiver la vertu raffinée qu'est la conscience vigilante, telle est du moins mon opinion. Il nous est extrêmement difficile de demeurer longtemps établi dans un état authentique de conscience parce que nous avons l'habitude d'errer tels des somnambules dans le monde extérieur, sans être pleinement concentrés.

Un jour de darshan à Amritapuri, Amma donna à une dévote une poignée de *prasad* (nourriture bénie) pour qu'elle la partage avec tout le monde. La dévote avait l'esprit ailleurs si bien que sans y penser, elle avala le tout.

Amma se tourna vers elle et lui demanda : « Où est le *prasad* ? ». Saisie de honte, elle fixait Amma du regard, muette. (Sans doute n'aurait-elle pas pu répondre même si elle l'avait voulu, sa bouche était trop pleine). Amma, finit par éclater joyeusement de rire en voyant à quel point cette femme était horrifiée par son action.

Vivre sans conscience est une mauvaise habitude très subtile, et nous avons totalement négligé l'importance vitale de nous évertuer à la transcender. Nous nous laissons communément « porter par le flot », sans nous impliquer pleinement dans le moment présent. C'est pourquoi il semble impossible de se concentrer profondément pendant très longtemps.

Nous pouvons gaspiller toute notre existence dans des aventures imaginaires, emportés çà et là sur les ailes du mental, sans jamais habiter le moment présent. Or c'est là que nous devrions être. Une des choses les plus difficiles, dans la spiritualité, est de demeurer dans le moment présent.

Il y a quelques années, je fus invitée à me rendre à Azhikal, un village voisin de l'ashram, pour allumer la lampe inaugurale lors d'une formation professionnelle de couture offerte à des femmes. J'étais toujours anxieuse avant de faire l'*arati* (rituel d'adoration) parce que je trouve difficile de faire sonner la cloche d'une main tout en faisant tourner l'assiette de camphre en sens contraire. Tout tremble, mes vêtements, mes mains et mes genoux, tout, sauf cette sacrée cloche !

Le moment propice de l'*arati* arriva, et j'étais censée allumer d'abord la lampe à huile avant d'accomplir le rituel, mais en raison de ma nervosité, j'ai commencé directement par l'arati. J'étais ravie que tout soit terminé, jusqu'à ce que quelqu'un se penche vers moi et murmure : « Vous avez oublié d'allumer la lampe. » Bien entendu, une équipe vidéo avait filmé toute la cérémonie, ce qui ne faisait qu'accentuer mon embarras.

Sur le chemin du retour, j'ai tourné l'incident à la plaisanterie, en disant que nous procédions ainsi en Australie car nous vivons dans l'hémisphère sud et faisons donc tout à l'envers. Cela reste l'un des épisodes les plus embarrassants de ma vie, qui en compte pourtant de nombreux.

Aujourd'hui, je suis beaucoup plus dans le moment présent et quand je dois faire l'*arati*, j'essaie de ne pas y penser à l'avance. Au lieu de penser, d'anticiper et de me faire du souci, je me recentre dans le présent. Les choses se déroulent toujours beaucoup mieux quand j'agis de cette façon, bien que je demeure la plus lamentable sonneuse de cloche au monde.

Développer la véritable attention semble plutôt facile. Nous croyons qu'il suffit de se concentrer un peu plus mais en fait, c'est beaucoup plus difficile qu'il y paraît.

La conscience vigilante aide notre intelligence à suivre la bonne direction, au lieu de se disperser dans des milliers de directions. Elle évite que nous nous perdions dans des mondes de chimères et des situations illusoires où nous n'avons rien à faire. Si nous nous efforçons de cultiver la conscience vigilante au quotidien, l'intelligence coulera d'elle-même quand nous en aurons besoin, en temps et en lieu adéquats.

Il s'agit de maintenir une prise constante sur le mental et de lui rappeler qu'il vaudrait mieux faire grandir en nous la conscience du véritable Soi. C'est *Cela* que nous sommes en réalité, mais il est très difficile de se dissocier du bavardage mental – qui a été actif durant toute notre vie – et de comprendre que nous ne sommes rien de ce que nous croyons être.

Un jour où nous étions à l'aéroport, un jeune garçon assis près d'Amma lui a raconté une visite à sa tante, qui lui avait donné de délicieux *chapattis* avec du *ghee* (beurre clarifié). Je me penchai vers lui et dis à voix basse : « Tu ne peux vraiment penser à rien d'autre quand tu es à côté de la Mère divine ? »

« Si, je pense aussi à des chapattis avec du ghee et du miel ! », me répondit-il.

Pour la plupart, nous vivons comme des malvoyants, ignorant notre vrai potentiel et ce que nous pouvons atteindre dans cette incarnation humaine. Quand nous serons capables d'ouvrir les yeux et de voir la majesté de la création divine dans toute sa gloire, alors nous connaîtrons un bonheur réel et durable.

Chapitre 3

Développer la pleine conscience

« Tressez votre vie
En une guirlande de belles actions »

Bouddha

Que nous le sachions ou non, que nous soyons croyants ou pas, nous sommes tous sur le chemin spirituel. Notre naissance humaine nous offre l'occasion d'entamer un processus de transformation, d'évoluer vers quelque chose de plus élevé. L'évolution *elle-même* nous conduit sur la voie de la spiritualité.

Développer *shraddha*, la vigilance, nous amènera vers le but ultime : la paix. Même ceux qui pensent que la spiritualité ne les intéresse absolument pas constateront que la vigilance est un atout considérable dans toutes leurs entreprises.

Elle s'avère nécessaire dans tous les aspects de la vie, pas seulement dans le domaine de la spiritualité. Même un voleur a besoin d'être pleinement conscient et vigilant s'il veut vivre de sa profession !

Une dévote qui avait perdu sa boîte à crayons croyait fermement qu'Amma la lui avait prise et la cachait. Une autre lui dit : « Non, Amma ne fait que le bien. C'est par manque de vigilance (*shraddha*) que tu as perdu ta boîte à crayons ! »

Mais la première rétorqua : « Non ! Je ne perds jamais rien. C'est vraiment Amma qui l'a prise. C'est comme quand je me suis cognée contre un lit. Je sais que c'est Amma qui l'avait tiré jusqu'au milieu de la pièce, parce qu'il n'y était pas auparavant. Je ne me cogne jamais ». Que le mental est têtu ! Il rejette constamment la faute sur les autres (et sur Amma) pour toutes les erreurs que nous commettons.

Organiser quelque chose dans l'entourage d'Amma exige énormément de vigilance et d'attention, car il faut prendre en compte une multitude de facteurs complexes. Amma est cependant toujours disposée à nous guider quand nous n'avons pas été assez méticuleux dans nos efforts.

Il y a quelques années, à Penang en Malaisie, nous avions soigneusement préparé le chemin qu'Amma allait emprunter à la fin du programme. C'est du moins ce que nous pensions. Lorsqu'elle s'est levée, après avoir donné le darshan à des milliers de personnes, nous avons tiré le *peetham* (plateforme surélevée) afin de lui dégager la voie.

Une foule immense attendait encore dehors. Il avait fallu fermer les portes du stade pour contenir la foule impressionnante qui se trouvait déjà à l'intérieur.

Quand Amma a appris que des gens attendaient encore désespérément à l'extérieur pour recevoir son *darshan*, elle a demandé qu'on ouvre les portes et qu'on les fasse entrer. Elle ne veut jamais rejeter personne. C'était déjà l'après-midi, et Amma avait commencé à recevoir la foule la veille au soir, sans se nourrir ni se reposer. Elle s'est assise à même le sol, au bord du podium, et a continué à donner le darshan tout l'après-midi jusqu'à ce que la dernière personne ait reçu son étreinte.

En vérifiant le chemin préparé pour son passage sur le côté du podium, j'ai trouvé un clou qui dépassait du tapis. Je l'ai retiré, horrifiée à l'idée de ce que je pourrais encore découvrir et nous avons précautionneusement repassé tout le chemin au peigne fin. A la fin du darshan, au lieu d'emprunter ce passage, Amma a pris la direction opposée et a fait le tour par derrière, pieds nus.

Il n'avait traversé l'esprit de personne de vérifier de l'autre côté du podium s'il y avait des bris de verre ou des clous rouillés. Amma agit ainsi. Nous avons beau nous préparer, elle nous surprend toujours dans les brefs moments où l'attention faiblit, quand nous nous y attendons le moins.

Amma nous maintient toujours en alerte parce qu'elle sait que la compassion grandit en se fondant sur l'attention. Sans conscience vigilante, il est impossible que naissent la compréhension réelle et l'amour pur. Si nous examinons la vie d'Amma, nous constatons que c'est dans sa conscience de la souffrance humaine que sont enracinées sa profonde compassion et sa patience infinie.

Chaque jour, d'innombrables malades lui confient qu'ils souffrent du cœur, des reins, du diabète ou d'une autre maladie grave. Des gens de tous les horizons souffrent, ils ne réussissent pas à s'en sortir. C'est bien souvent le manque de nourriture, d'argent ou de soins médicaux de base qui est à l'origine de leurs maux.

C'est pourquoi Amma nous enseigne méticuleusement comment utiliser les choses correctement, sans rien gaspiller. Elle sait que l'on peut aider beaucoup plus de gens quand on utilise les ressources disponibles avec soin et vigilance.

Plaisantant à moitié, Amma dit qu'elle doit soumettre à un examen les *brahmacharis* (disciples célibataires) qui s'occupent des projets de construction de l'ashram, qu'il s'agisse d'hôpitaux, d'écoles ou de maisons pour les pauvres.

Lors de ces interrogations sur les constructions, elle leur demande : « Combien de briques faut-il pour construire tant de mètres carrés ? Combien de sacs de ciment pour faire une surface de telle dimension ? » Amma connaît précisément les réponses parce que tout au long de ces années, elle a calculé ces éléments pour chaque aspect des projets de développement.

Au début, tout le monde échoue à son examen, car personne ne se préoccupe de ces petits détails. Mais sous la direction d'Amma et grâce à ses instructions, ils atteignent un niveau de conscience exceptionnel dans des domaines de la vie que l'on n'imaginerait pas liés à la spiritualité.

Amma nous montre que *tout* est relié et nous enseigne qu'il faut être conscient dans la moindre action quotidienne. Apprenons absolument tout sur notre domaine d'activité, quel qu'il soit. Notre « moi-je » limité se montrera certes parfois réfractaire, mais il aura beau affirmer que la tâche confiée n'a rien à voir avec la spiritualité, notre devoir est de persévérer.

Amma ne considère jamais qu'une chose est spirituelle et une autre moins, qu'elle est plus liée au monde. Elle voit la vraie nature de toute chose et voit la bonté partout. Son unique pensée est : « Comment puis-je donner à ceux qui en ont besoin ? ». Elle est un flot d'amour qui se répand dans tous les entrelacs de notre vie, jusque dans ses arrêtes les plus pointues. Elle nous enseigne à bien gérer tout ce qui arrive, sans négliger aucun détail important.

Pour la célébration des cinquante ans d'Amma (*Amritavarsham*), les bénévoles responsables de la vaisselle voulaient acheter 4 millions d'assiettes en papier pour servir la nourriture pendant les quatre jours que devait durer le programme, ce qui aurait généré un amoncellement de déchets ; et à 3,5 roupie l'assiette, cela aurait coûté une fortune.

Amma leur a demandé d'acheter plutôt des assiettes en inox. Au terme du programme, ces assiettes seraient réutilisées dans ses autres ashrams. Cet investissement a protégé l'environnement et a permis d'économiser une énorme somme d'argent, qui put être utilisée pour aider les pauvres.

Amma nous montre toujours le meilleur moyen d'accomplir nos tâches avec le maximum de soin et le minimum de gaspillage. Pour penser et planifier les choses comme elle sait le faire, il nous manque le même degré, la même profondeur de conscience. C'est la raison pour laquelle beaucoup de gens optent pour des solutions de facilité qui s'avèrent onéreuses.

Elle s'efforce inlassablement de nous enseigner la conscience et la vigilance. Elle sait que c'est cette pleine conscience qui transformera notre savoir en pure sagesse. La source de la spiritualité jaillit de notre aptitude à purifier, développer et canaliser notre faculté d'être pleinement conscient.

Il y a fort longtemps, une des sœurs d'Amma reçut en cadeau pour la naissance de son fils un épais bracelet en or. Un jour, alors qu'elle partait pour la ville voisine, Amma remarqua que l'enfant portait le bracelet et déclara que s'il le portait à l'extérieur, il le perdrait.

Sa sœur ne l'écouta pas et alla prendre le bus avec son fils. Au moment de monter, elle remarqua que le bracelet avait disparu du poignet de l'enfant. Bouleversée, elle rebroussa chemin en espérant le retrouver, mais en vain.

Elle était au bord des larmes en franchissant le seuil de la maison. Avant qu'elle ait annoncé la mauvaise nouvelle, Amma déclara : « De toute façon, tu as perdu le bracelet, alors à quoi bon pleurer maintenant ? ». Sa sœur se rappela alors son avertissement et comprit qu'elle aurait dû en tenir compte.

Dans le labyrinthe de la vie, nous sommes obligatoirement confrontés à des myriades de situations différentes, mais ne perdons pas de vue le but de notre venue sur terre. Nous constaterons alors que notre intérêt pour les objets extérieurs, qui suscitaient auparavant en nous tant de joies et de chagrins, disparaît de lui-même. La vigilance nous aidera à franchir de nombreux caps dans notre parcours spirituel et à mener une vie plus paisible.

Une petite fille emporte sa poupée d'Amma partout où elle va. A travers cette poupée Amma lui enseigne énormément de choses sur la vie, la compassion et la façon de se comporter avec les gens.

Un jour, elle me dit que la poupée faisait une sieste sous son pull. Je lui demandai pourquoi Amma avait tant sommeil (il est rare en effet qu'Amma fasse la sieste). L'enfant me répondit alors qu'Amma ne dormait pas souvent : elle garde les yeux ouverts tout le temps parce qu'elle ne peut pas s'arrêter d'aimer ! Ces petits enfants, dans leur innocence, comprennent parfois Amma à un niveau bien plus profond que beaucoup d'entre nous.

Avec la conscience et le discernement, il est possible de descendre de la tête dans le cœur.

Si nous y parvenons, alors nous comprendrons qu'en fait nous ne sommes pas *tombés* du mental. En réalité, nous nous élevons, et nous nous soustrayons ainsi à la machinerie de la négativité pour accéder à un état bien supérieur et beaucoup plus confortable.

Purifiez votre mental et vous constaterez que partout où votre regard se pose, vous ne voyez plus que le Divin qui brille en tout, partout. Quand Dieu vous conduit au bord de la falaise, ayez confiance en Lui/Elle et lâchez prise. Soit Il/Elle vous rattrapera, soit Il/Elle vous apprendra à voler.

Chapitre 4

L'art de s'abandonner

« J'avais perdu tout espoir en
la vie et en l'amour.
C'est alors que j'ai rencontré une
femme nommée Ammachi.
Elle m'a rendu mon sourire.
Face à elle, l'obscurité ne fait pas le poids. »

Jim Carey

L'entrelacs complexe du plan cosmique relie tout dans cette dimension à d'autres dimensions et à d'autres vies. Le plan est subtil, fascinant, d'une stupéfiante magnificence. Tout se met en place de façon précise et parfaite, mais toujours par les voies les plus inattendues.

Nous sommes totalement incapables de saisir la vaste dimension du Plan cosmique, mais demeurons néanmoins conscients que tout est la volonté divine. Seule cette conscience nous permet d'entrevoir la véritable nature de toute chose et d'agir avec discernement. Cette compréhension nous apportera la paix.

Nous étions un jour à Coimbatore, au sud de l'Inde, et il y avait sans cesse des coupures d'électricité ; tout le monde était très inquiet car il n'y avait pas de lumière dans la chambre d'Amma. Dans sa chambre, Amma était joyeusement assise à la douce lumière d'une unique lampe à huile. Elle n'était absolument pas perturbée par l'absence d'électricité. Elle me fit remarquer combien la lumière de la lampe était agréable et dit que cela lui rappelait son enfance. Elle acceptait ce qui lui arrivait et s'en accommodait avec joie.

Tout le monde craignait qu'Amma ne soit dérangée par la situation, mais elle conçoit les choses autrement. Amma tire toujours le meilleur parti des circonstances. Efforçons-nous de tout accepter avec une attitude positive. Quoi qu'il arrive, il n'y a pas d'erreur. Puisqu'il nous est impossible de comprendre pleinement les détails subtils du Plan cosmique, faisons simplement de notre mieux dans toutes les situations.

Amma transforme toutes nos activités en pratique spirituelle. Beaucoup de gens désirent voyager avec elle. Organiser les tours avec des groupes aussi importants exige un très grand discernement, des efforts et de la vigilance. Il est difficile de prévoir les problèmes subtils qui risquent de survenir à l'improviste, mais Amma est le guide parfait.

En juillet 2011, nous étions à Tokyo. C'était quelques mois à peine après le tremblement de terre qui avait secoué le Japon avec une violence inédite, suivi d'un tsunami d'une forte intensité. L'association de ces deux catastrophes naturelles fit des ravages inimaginables. Plusieurs réacteurs nucléaires furent endommagés, ce qui provoqua une fuite radioactive toxique. Des milliers de gens moururent et tout le Japon fut saisi d'un effroi qui se propagea dans le monde entier.

Des centaines de milliers de gens furent évacués et partout dans le monde, on s'inquiétait de la grave menace que représentait la radioactivité. Amma eut la réaction opposée. Elle voulut visiter les zones affectées afin de réconforter les populations. Elle comprenait trop bien l'état traumatique dans lequel ils se trouvaient.

Tout le monde mit Amma en garde : le niveau de radioactivité dans ces zones restait extrêmement dangereux ; mais cela ne l'effraya pas. Elle se contenta d'interdire à ses enfants de venir avec elle et stipula que seuls ceux qui le voulaient vraiment devaient voyager avec elle. Naturellement, tout le monde choisit de l'accompagner.

Quelques dévots se renseignèrent sur les moyens les plus rapides d'aller dans les zones affectées, car durant les tours avec Amma, il y a peu de temps libre. Elle prévoit toujours des programmes le lendemain des déplacements, parfois le jour même. Il était essentiel de ne pas perdre de temps pour qu'elle ne manque pas un programme annoncé. Contrairement à la plupart d'entre nous, Amma ne cherche jamais à s'accorder de repos.

Il y avait sept jours de programme à Tokyo, puis nous avions moins d'une journée pour nous rendre à Osaka. Cinquante personnes désiraient accompagner Amma. Il nous a alors semblé que le moyen à la fois le plus rapide et le plus économique de parcourir une si longue distance était de prendre le camping-car, le minibus, puis le train.

Quand elle voyage, Amma est toujours attentive à ne pas gaspiller de temps ni d'argent. Elle a vu trop de gens souffrir faute de quelques roupies. Elle nous enseigne à nous organiser en pleine conscience dans tous les domaines, à chercher la méthode la plus simple, la plus facile et la plus directe afin d'économiser du temps et des ressources.

Grâce à cette attention méticuleuse, on épargne de l'argent qui va aux œuvres caritatives et aide les plus démunis. Le soin apporté à la gestion de nos ressources nous aide à cultiver une réelle vigilance.

Alors que nous filions en toute hâte vers la région touchée par le tsunami, notre vigilance fut mise à l'épreuve. Nous devions changer de TGV et on nous avait avertis que nous avions peu de temps pour la correspondance.

Un des organisateurs japonais avait la chance d'être assis à côté d'Amma lors du premier trajet en train. Il put lui poser quelques questions. J'eus la bonne fortune d'entendre les réponses.

Il travaillait dans le monde des affaires et demanda à Amma comment, dans cette situation, il pouvait gérer ses problèmes personnels.

Amma lui répondit par ces mots simples, mais profonds : « La vigilance et l'abandon de soi sont exactement la même chose. La qualité d'attention et la qualité de l'abandon sont les deux faces d'une même médaille. Quoi qu'il arrive, quel que soit le problème, il faut apprendre à s'abandonner au Divin. Nous pensons qu'il est très difficile de s'abandonner. Les gens s'imaginent que c'est très dur. « Comment vais-je y arriver ? », se disent-ils. Mais si tu essaies vraiment, tu te rendras compte qu'après tout, ce n'est pas si difficile. »

Cet homme entendit ainsi un petit *satsang* très inspirant pendant le premier trajet. Je pensais : « Quelle chance inouïe il a de pouvoir méditer sur des notions aussi profondes que la vigilance et l'abandon de soi ».

Quand ce fut le moment de changer de train, il voulut s'assurer que tout le monde était bien là car nous formions un groupe important. Il avait en main le billet d'Amma et le mien. Il menait le groupe et tout le monde le suivait de près.

Où qu'elle aille, tout le monde aime s'approcher le plus près possible d'Amma et sauf nécessité, je préfère rester en retrait. C'est pourquoi ce jour-là, je marchais derrière tous les dévots.

J'embarquai à la suite de tout le monde, tout à l'arrière du train. Je savais que je pouvais traverser les wagons jusqu'à celui où se trouvait Amma, à l'avant, et c'est ce que je fis. Mais le pauvre homme qui avait mon billet ne me vit pas et il pensa innocemment : « Oh Swamini Amma ! Elle n'est pas très futée, peut-être qu'elle a raté le train ! ». De peur que je ne me sois perdue, il descendit sur le quai pour me chercher.

Tout à coup, le train se mit en marche. J'étais saine et sauve, tranquillement à bord, mais il pensa qu'il valait mieux rester sur place et m'attendre, au cas où j'aurais raté le train et me trouverais seule dans un lieu inconnu. J'étais désolée pour lui, car c'était ma faute si je n'étais pas montée dans le train plus tôt. Mais il me semblait tout de même qu'il aurait dû se dire que j'étais assez intelligente pour prendre le train. Je n'allais tout de même pas rester bloquée en pays étranger !

Le train partit donc et le pauvre homme resta à quai, mais il avait du moins pour se réconforter nos deux billets en plus du sien, et un beau *satsang* sur la conscience et l'abandon de soi pour méditer et lui tenir compagnie. Voilà qu'il lui était offert une bonne occasion de pratiquer l'abandon de soi, juste après avoir entendu le *satsang*. Par chance, il put très vite prendre le train suivant.

Amma sait que beaucoup de gens sont très effrayés lorsqu'ils entendent l'expression *s'abandonner (au Divin)*. Ils pensent que cela signifie qu'ils vont devoir vider leur portefeuille, donner tout ce qu'ils possèdent et devenir des mendiants, mais tel n'est pas le sens de ces mots. S'abandonner au Divin signifie accepter tout ce qui nous arrive avec l'attitude juste.

Comme l'expression *s'abandonner* effraie tant les gens, Amma nous conseille de ne pas l'utiliser avec ceux qui ne sont pas prêts à en comprendre la pleine signification. Parlons plutôt de la pratique de la conscience vigilante, puisque les deux notions sont en réalité identiques.

Amma nous prodigue les enseignements les plus profonds, mais il faut savoir les digérer et à les mettre en pratique, sans se contenter de les emmagasiner dans la bibliothèque poussiéreuse d'une connaissance spirituelle stockée dans la tête.

Inutile de s'asseoir en méditation ou d'accomplir des rituels particuliers pour s'engager dans une démarche spirituelle. Être attentif aux choses de la vie quotidienne est en soi une pratique spirituelle profonde. Maintenir cette conscience tout en évoluant dans le monde constitue l'une des pratiques les plus élevées et les plus profondes qui existent.

Chapitre 5

La sagesse du guru

Un écrivain arrive dans un monastère
Avec l'intention d'écrire un
livre sur le Père abbé.
« On dit que vous êtes un génie. Est-ce vrai ? »
« On peut le dire », lui répond ce
dernier, sans trop de modestie.
«- Et qu'est-ce qui caractérise un génie ?
- La faculté de reconnaître.
- De reconnaître quoi ?
- Le papillon dans la chenille,
un aigle dans un œuf,
un saint chez un être humain égoïste »

Anthony de Mello S.J.

Selon Amma, être dans un état permanent d'acceptation totale, c'*est* la réalisation de Dieu. Mais combien d'entre nous peuvent affirmer avoir atteint cet état ? Amma sait bien que nul d'entre nous n'est parvenu à un abandon de soi total et parfait. D'après moi, elle seule est pleinement établie dans cet état. Chaque jour, elle s'abandonne à nous et à nos moindres petits désirs.

Les dévots implorent souvent Amma de les laisser accomplir la cérémonie traditionnelle qui consiste à lui laver les pieds et à la parer d'ornements. Il lui arrive de refuser plusieurs fois car elle ne souhaite pas être vénérée ainsi. Mais comme ils insistent, elle finit par accepter, par pure compassion, et parce que son cœur désire exaucer leurs désirs et les rendre heureux.

La cérémonie qui consiste à laver les pieds est censée être un symbole de l'abandon total du dévot au guru et a toujours lieu à la fin d'une longue session de darshan. Très peu de gens pensent aux nombreuses heures durant lesquelles Amma est déjà restée assise, sans se lever, pas même pour se dégourdir les jambes. Ils lui demandent de rester encore un peu plus longtemps pour qu'ils puissent, le darshan terminé, accomplir la cérémonie d'« abandon de soi ».

Mais bien sûr, c'est Amma elle-même qui finit par s'abandonner à eux, en les autorisant malgré ses réticences à effectuer la cérémonie. Je pense souvent à elle comme à une « esclave de l'amour ». Sans même s'en rendre compte, beaucoup d'entre nous profitent du désir d'Amma de servir. Plutôt que de faire d'elle notre esclave, efforçons-nous d'en faire notre maître. Mais nos envies compulsives sont si puissantes que nous insistons pour que les choses se passent à notre idée et satisfaire nos désirs insatiables.

Ce faisant néanmoins, nous cheminons lentement sur la voie qui mène à la vraie liberté. C'est bien la destination que nous souhaitons atteindre, mais la plupart d'entre nous empruntent les routes touristiques et s'arrêtent en chemin, profitent des paysages et visitent les monuments. Il semble parfois très amusant de se perdre dans *maya* (l'illusion) et d'y chercher par tous les moyens la joie permanente et la satisfaction réelle que nous désirons tant. Mais au final, il ne restera qu'un grand trou béant où aboutissent tous ces plaisirs.

Il nous arrive d'errer pendant des heures, des jours, voire des années, à la dérive, dans le monde fantasmagorique des cauchemars éveillés qui surgissent quand nous laissons le mental s'emballer, hors de contrôle. Nous inventons alors toutes sortes de scénarios insensés à partir de nos pensées et de nos émotions indomptées.

Pendant le tour des Etats-Unis, la veille du programme de New-York, nous passons habituellement la nuit à New-Jersey. Entre New Jersey et New York plusieurs des personnes qui nous accompagnaient, parmi lesquelles se trouvait un jeune garçon, étaient dans une autre voiture. C'était un voyage assez long et tout le monde était fatigué.

L'enfant s'endormit dans la voiture et se réveilla pendant qu'ils traversaient Chinatown. Paniqué, il bondit et dit au conducteur : « Eh ! tu t'es trompé de direction. On devait aller au programme de New York, et voilà qu'on se retrouve en Chine ! ». Pour lui, la voiture avait pris une mauvaise direction et il était très inquiet, croyant qu'ils avaient fait la moitié du tour du monde au lieu de se rendre au bon endroit. Les autres passagers de la voiture le taquinèrent en faisant semblant de le croire. « Oui, tu as raison. On s'est trompé de direction, et maintenant on est en Chine. Qu'est-ce qu'on va faire ? » Quand ils arrivèrent enfin à la salle du programme (ce qui prit un certain temps, vu la distance entre la Chine et New-York), le garçon courut vers sa mère et s'exclama : « Ils m'ont emmené jusqu'en Chine ! Il a fallu qu'on voyage de la Chine jusqu'ici ! »

Nous rions peut-être de l'erreur innocente de ce petit garçon, mais sommes-nous si différents ? Notre esprit invente sans cesse des fables imaginaires et la plupart du temps, elles sont plus intenses et moins innocentes que sa croyance d'être en Chine. Quels mondes sommes-nous en train de créer ? Tous les jours, le Divin nous offre des occasions sur mesure pour nous enseigner l'art d'accepter ; malheureusement, il est rare que nous les reconnaissions comme d'authentiques « messages du Bien-Aimé ». Le jeu du mental interfère toujours. Il fausse notre vision et cherche à manipuler la situation conformément à ses intérêts.

Si par exemple nous avons la chance d'entendre Amma donner un conseil à quelqu'un qui se trouve à côté de nous, le mental chuchote peut-être : « Bien, Amma ne me parlait pas directement, elle parlait à mon voisin. Cette recommandation ne valait que pour lui. » Le mental fuit systématiquement toute remise en cause et trouve toujours une échappatoire, quitte à déformer la situation.

Il est quasiment impossible de se libérer de l'ego, mais si nous y parvenions, nous reconnaîtrions le visage rayonnant du Divin dans la moindre expérience de notre vie. Nous incarnerions alors nous aussi l'état de parfait abandon, celui-là même qui nous attire tant chez Amma.

Amma accepte toujours le flot de la vie avec ses petites surprises désagréables. Telle une rivière, elle trouve toujours une voie pour s'adapter avec aisance et grâce, quelles que soient les difficultés qui surviennent, parce qu'elle sait que les rochers et les obstacles font partie du fleuve divin de la vie.

Quand j'ai le bonheur d'être en sa compagnie durant les tournées en Occident, j'oublie parfois son omniscience et j'essaie de lui donner des leçons. Par exemple, quand je suis à côté d'elle dans l'avion, elle agit parfois de manière insolite, en trempant un morceau de pain dans son verre d'eau avant de le manger. Ou encore, s'il y a un petit sachet de beurre ou de margarine, il lui arrive de l'ouvrir et d'en manger un peu à la cuillère.

Dans de telles situations, j'ai tendance à dire :
« Amma, sais-tu comment on fait en Occident ?
On prend le pain comme ceci, et on étale le
beurre dessus comme cela, puis on le mange.
Voilà comment font les Occidentaux, Amma ».

Amma répond alors avec enthousiasme :
« Ah bon ? » comme si je lui avais donné une
information cruciale. Elle m'écoute toujours
avec patience et humilité quand j'essaie de lui
enseigner les manières du monde.

Elle a un jour pris un carré de chocolat four-
ré et a enlevé la surface avec le petit couteau à
beurre. Puis, avec délicatesse, elle a récupéré au
milieu la partie onctueuse et l'a étalée sur le pain,
comme je le lui avais appris, plus ou moins.

Quelqu'un lui a une autre fois donné un
petit paquet à l'aéroport. Amma l'a ouvert dans
l'avion. A l'intérieur, il y avait un petit pain. Elle
en a pris un bout et s'est mise à le manger. Elle
m'en a offert un morceau, ainsi qu'à quelqu'un
d'autre, en disant : « C'est du pain de tapioca. »

Cette personne a goûté et a déclaré que selon
elle, ce n'était pas du pain de tapioca, mais du
pain au fromage. Amma n'a pas changé d'avis :
« C'est du tapioca ! ». Il avait vraiment le même

goût que le tapioca du Kérala, mais la personne soutenait encore le contraire.

C'est alors que me revint en mémoire l'histoire traditionnelle d'Arjuna et de Sri Krishna. Ils marchent dans la forêt lorsque Sri Krishna voit un oiseau dans l'arbre et le montre à Arjuna : « Regarde, Arjuna, il y a un bel oiseau dans l'arbre. Je me demande de quelle espèce il est. Je pense que c'est un hibou. Qu'en penses-tu Arjuna ? ». Sans jeter un autre regard sur l'oiseau, Arjuna répond : « Oui, Seigneur, je pense que tu as raison. C'est un hibou ».

Sri Krishna réfléchit un instant et revient sur ce qu'il a dit : « Cela ne peut pas être un hibou : ils ne sortent que la nuit. Ce doit être un faucon. Tu ne penses pas Arjuna ? »

Une fois de plus, sans même regarder l'animal, Arjuna répond : « Oui. Tu as raison. C'est un faucon. » Sri Krishna change encore d'avis plusieurs fois, et cite d'autres espèces d'oiseau. Arjuna ne discute pas. Il est toujours d'accord avec Lui.

Sri Krishna finit par lui demander : « Arjuna, n'as-tu pas d'opinion propre ? Pourquoi acquiesces-tu à tout ce que je dis ? »

Arjuna répond : « Seigneur, je ne peux qu'être d'accord parce que je sais que Tu as le pouvoir de changer un hibou en faucon et même un aigle en cygne. Tout est Ton jeu divin. »

J'ai donc rappelé cette histoire à l'autre dévote, et lui ai dit : « Si Amma dit que c'est du tapioca, alors c'est du tapioca ! ». Libre à nous de discuter avec elle, de refuser de lâcher-prise, mais ce n'est pas une bonne idée. Certains argumentent et affirment « Amma, c'est comme ceci, et pas comme cela. ». Patiemment, elle écoute, ils s'entêtent, refusent de lâcher, et c'est elle qui finit par abandonner.

Amma donne l'exemple de deux camions qui se font face sur une route à une voie. Si les deux tentent d'avancer et qu'aucun n'est prêt à faire marche arrière pour céder le passage, ils sont bloqués l'un comme l'autre. Un des deux doit lâcher prise pour qu'ils puissent avancer.

Si vous voulez gagner lors d'une discussion avec Amma, elle est pleinement disposée à perdre. Il lui est plusieurs fois arrivé de dire : « Cela ne me fait rien de perdre face à toi ». Le problème, c'est que si Amma perd, qui gagne vraiment ? Sûrement pas nous.

Si nous luttons contre le guru, c'est nous qui, en fin de compte, y perdrons. S'abandonner à la volonté du guru est la plus grande des victoires. Nous n'avons absolument rien à perdre, hormis nos tendances négatives et les détritus que nous portons en nous.

Amma n'a rien à perdre. Elle vit dans un monde où rien ne peut la perturber. C'est nous qui souffrons du terrible chaos de notre mental. Soyons prêts à accepter la défaite et à relâcher, avec sa grâce, l'emprise de notre ego ; nous serons ainsi libérés des chaînes qui nous entravent. Alors seulement, nous serons vraiment gagnants.

Chapitre 6

Tout est divin

« Toutes les difficultés et tous les problèmes que j'ai rencontrés m'ont rendu plus fort. On ne s'en rend peut-être pas compte sur le moment, mais un coup dans les gencives est parfois ce qui peut nous arriver de mieux. »

Walt Disney

Apprendre à lâcher-prise est l'une des choses les plus difficiles au monde. Il ne devrait pas en être ainsi, mais c'est souvent la réalité.

L'abandon de soi total et réel est un processus extrêmement profond et la plupart d'entre nous peuvent seulement espérer atteindre un jour cet état. Par chance, la compagnie d'Amma est dans ce domaine une source d'inspiration incomparable. Mais si vous n'y parvenez pas maintenant, inutile de vous inquiéter. Vous reviendrez ici-bas jusqu'à ce que vous réussissiez !

Amma, notre grâce salvatrice, a promis de renaître tant qu'il le faudrait pour nous conduire au but de la réalisation de Dieu. Nul doute qu'elle tiendra sa promesse. Essayer de s'abandonner au quotidien, dans les plus petites occasions, permet au moins de bien s'entraîner. Faisons simplement de notre mieux.

Les tours de l'Inde avec Amma abondent en opportunités de pratiquer l'art de l'abandon de soi. On entend parfois : « Montez dans le véhicule… descendez du véhicule…. Montez dans le car… sortez du car… ». Cela se produit jusqu'à cinq ou six fois avant le vrai départ ! En de tels moments, on pense souvent : « Qu'est-ce qui se passe ? ». Mais il est quelquefois bon d'obéir et d'avoir confiance : quelqu'un sait bel et bien ce qui se passe.

Ceux qui viennent en Inde pour la première fois sont prompts à tout contester. « Montez dans le bus. » « Pourquoi ? » « Descendez du bus » « Pourquoi ? » Personne ne vous donnera de réponse logique, même s'il y en a toujours une. Alors peut-être vaudrait-il mieux arrêter de poser des questions. Il y a, bien cachée, une bonne raison. Vraiment. Une raison bien fondée, même si nous mettons beaucoup de temps à la découvrir. Parfois, c'est simplement le divin Bien-Aimé qui teste notre foi et notre capacité d'abandon.

Lors d'un voyage qui nous mena à Singapour, en Malaisie, à La Réunion, à l'Ile Maurice et au Kenya, un dévot me rapporta son expérience durant un de ces tours. Nous l'avions affectueusement baptisé « Le tour du traumatisme tropical » parce que la chaleur et l'humidité étaient partout accablantes. Après ce voyage à l'étranger nous sommes rentrés à Cochin, où la chaleur et l'humidité étaient tout aussi écrasantes. Il semblait impossible d'échapper à la chaleur. Nous brûlions à l'intérieur comme à l'extérieur.

Le dévot voulut fuir la chaleur et l'intensité du tour en rentrant à l'ashram. Amritapuri semblait une oasis dans le désert. Epuisé par les températures élevées, l'intensité des programmes et ces voyages interminables, il ne désirait qu'une chose : revenir à l'ashram, s'enfermer dans sa chambre, se détendre tranquillement à la fraîcheur d'un ventilateur, à l'écart de tous et de tout. A Cochin, il apprit qu'un car partait pour Amritapuri juste avant la fin du programme. Il fut enthousiasmé à l'idée de s'esquiver confortablement, d'échapper au reste du tour éreintant qui nous mènerait dans le sud de l'Inde.

Avant l'aube, il prit son bagage, se dirigea vers le bus et demanda au conducteur : « Amritapuri ? » Celui-ci acquiesça d'un signe de tête, et le dévot épuisé grimpa à bord et ne tarda pas à s'endormir. Le chauffeur avait dû mal comprendre la question (ou bien il avait mal interprété le signe de tête). La première chose qu'il vit en se réveillant péniblement après quelques heures de sommeil, ce fut les environs de Palakkad, l'étape suivante du tour. Stupéfait, déçu, et un peu en colère, il finit par comprendre que c'était le Plan divin et qu'il devait l'accepter.

Quand nous désirons fuir et faisons des efforts en ce sens, cela s'avère parfois impossible. Le destin nous poursuit où que nous allions. A un moment où à un autre, il faudra l'accepter. Pourquoi ne pas le faire tout de suite ?

Cet homme se rendit compte que cette situation lui enseignait une leçon importante. Il accepta gracieusement de suivre le courant de la vie. Il fit donc le tour complet d'un mois car il avait compris que c'était pour le mieux.

Dieu aura toujours le dernier mot, quoi que nous ayons prévu et décidé. La nature, les gens et tout ce qui existe, œuvrent de concert pour nous obliger à nous abandonner à la volonté divine. Si ce n'est pas maintenant, tôt ou tard surgira sur notre chemin une situation identique à celle que nous avons tenté d'éviter. Cela se répétera jusqu'à ce que nous apprenions à affronter les difficultés avec l'attitude juste et que nous acceptions les conséquences de nos actions.

Quand tout semble aller contre nos désirs et que la vie nous force à prendre une direction qui nous déplaît, comprenons que si nous y sommes acculés, c'est pour apprendre une importante leçon. Si nous refusons, la même situation se reproduira, sous des formes différentes. Il n'y a pas d'échappatoire.

Il y quelques années, Amma voulut installer sa mère Damayanti Amma, déjà très âgée, plus près d'elle afin de veiller sur son bien-être,

Un soir, alors que nous rentrions des *bhajans*, Amma se tourna vers moi et me demanda : « As-tu un autre endroit pour stocker ton matériel ? » (J'utilisais la pièce juste en-dessous de la maison d'Amma comme entrepôt.)

« Non », répondis-je. Je n'avais que cette pièce qui, soit dit en passant, avait été la première salle de méditation de l'ashram. Amma demanda encore : « Tu n'as nulle part ailleurs où mettre ton stock, aucun autre lieu ? ». Je ne comprenais pas pourquoi Amma me posait la question une seconde fois et sans réfléchir, je répondis à nouveau : « Non, Amma, je n'en n'ai pas »

Patiemment, Amma essaya une fois de plus et me reposa la même question. Elle pensait sans doute que la troisième fois, elle aurait plus de chance et que je serais assez intelligente pour enfin comprendre son message. Tel ne fut malheureusement pas le cas.

Elle finit par m'expliquer en détail qu'elle pensait utiliser mon espace de stockage pour héberger sa mère. J'étais un peu gênée de ne pas avoir saisi le sens de sa question et qu'elle ait dû s'y prendre à trois reprises avant que j'accepte de lui laisser ma pièce.

Dès que j'eus compris, je répondis aussitôt : « Bien sûr, Amma tu peux disposer de l'entrepôt. Je vais trouver un autre endroit pour mettre les affaires. Il me suffira de deux jours pour tout déplacer. » Amma n'ajouta rien.

Plus tard dans la nuit, quelqu'un vint m'annoncer que je devais retirer mes affaires avant huit heures le lendemain matin parce qu'Amma voulait utiliser la pièce pour sa mère et qu'il fallait y faire quelques travaux. Je fus désolée de ne pas avoir saisi la situation, à cause de mon manque d'abandon, involontaire. Il avait fallu qu'Amma me le demande trois fois avant que je comprenne et que je lui offre la pièce.

Il suffit d'avoir de l'amour pour Amma et d'essayer de s'abandonner à elle, même si nous n'y parvenons pas complètement. Le seul fait d'avoir le désir d'accepter ce qui se passe nous apporte déjà des bienfaits. Ce désir transforme les schémas de pensée que nous avons élaborés dans notre mental et finalement, la grâce se répand sur nous. Telle a toujours été mon expérience.

Lorsque nous sommes confrontés à une situation très éprouvante, il est parfois extrêmement difficile de s'abandonner. Ce n'est pas facile, mais souvenons-nous que nous recevons toujours exactement ce qu'il nous faut, et que ce qui arrive est toujours pour le mieux.

Amma sait ce dont nous avons besoin et comment nous aider à atteindre le but. N'en doutons jamais. Mais il est parfois difficile de garder cette vérité à l'esprit lorsque les nuages obscurs de la souffrance et de la confusion voilent la lumière de notre discernement.

Un épisode intéressant de l'épopée du Mahabharata raconte la fin du grand guerrier Bhishma. Il menait une vie remarquablement bonne et noble. A la fin de sa vie, alors qu'il agonisait sur le champ de bataille, Sri Krishna décocha des flèches qui formèrent un lit où Bhishma demeura allongé. « Pourquoi dois-je souffrir ainsi ? J'ai toujours essayé de mener une vie vertueuse et pure », se demanda Bhishma, fixant le ciel du regard. Il chercha dans ses vies antérieures afin de comprendre ce qu'il avait fait de mal pour souffrir à ce point.

« Je suis revenu sur soixante-treize vies passées, et je ne vois rien qui justifie cette souffrance, » déclara-t-il. Il ne comprenait pas pourquoi il était forcé d'endurer une douleur si cruelle alors qu'il avait vécu avec piété et honneur.

« Pas dans ces soixante-treize naissances, lui répondit doucement Sri Krishna, mais si tu regardes celle d'avant, la soixante-quatorzième, tu verras qu'un jour dans la forêt, alors que tu chassais, tu as cruellement blessé un insecte et que tu l'as volontairement disséqué. A cause de toi, une pauvre créature a dû souffrir, sans aucune raison. Voilà pourquoi tu dois maintenant souffrir, de nombreuses vies plus tard. Tu ne peux éliminer le karma (loi de cause à effet) qui te reste qu'en étant transpercé par les flèches sur lesquelles tu reposes ».

Il est impossible de comprendre les subtilités du karma. De notre point de vue limité, notre souffrance peut sembler incompréhensible, mais comprenons qu'il n'y a pas d'erreurs dans la vie. De chacune de nos actions découle directement une réaction. Tout arrive selon le plan cosmique, complexe et toujours parfait.

Nous aurons beau faire des colères, taper du pied, hurler, crier et jurer, ce qui nous est destiné arrivera de toute façon. Nous n'avons pas le choix : quoi qu'il arrive, nous sommes bien obligés de l'accepter. Alors au lieu de se plaindre, pourquoi ne pas goûter la paix en s'abandonnant à la volonté divine et en acceptant de bonne grâce ?

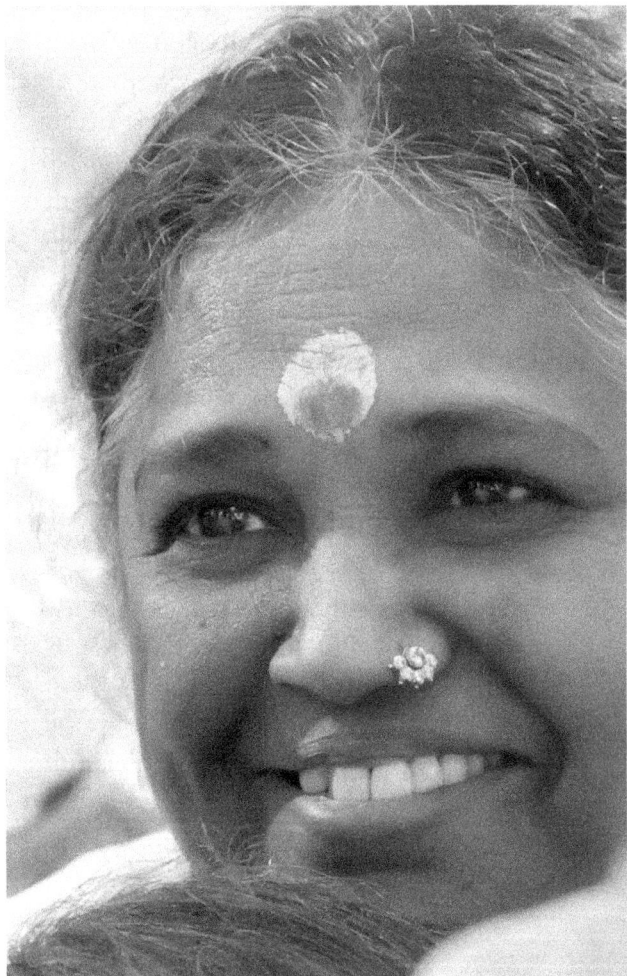

Chapitre 7

La force d'un lion

« Faites semblant d'être la personne que vous voulez être. Un jour, vous vous rendrez compte que vous ne faites plus semblant. ».

Anonyme

Quelqu'un m'a un jour demandé : « Quand dois-je m'abandonner au Divin et quand dois-je me comporter comme un lion ? Un lion peut-il s'abandonner au Divin sans devenir un mouton ? ».

Selon Amma, nous sommes des lions, pas des moutons. Lorsque nous sommes environnés de rugissements féroces, quelques doux bêlements sembleraient pourtant bien agréables ! Amma nous dit d'être courageux. S'abandonner à la volonté divine en toute situation exige en vérité la force d'un lion. Je suis convaincue que nous pouvons devenir des lions courageux et tolérants, capables d'utiliser leur discernement. Amma nous répète : « Vous n'êtes pas de petits agneaux. Vous êtes des lionceaux, et vous avez en vous un potentiel illimité qui demeure inexploité » ! Elle nous le rappelle souvent, mais nous refusons de le croire complètement.

Nous avons en nous une centrale inépuisable, productrice d'énergie et de force. Cette puissance est insaisissable et nous avons souvent bien des difficultés à entrer en contact avec elle, mais cela ne signifie pas qu'elle n'existe pas. La force est notre nature réelle. Méditons cette vérité et efforçons-nous de l'assimiler. Quelles que soient les difficultés qui surgissent, n'abandonnons pas face à l'adversité, continuons au contraire à aller de l'avant. Dans cette vie humaine, nous serons forcément confrontés à d'innombrables difficultés, et c'est pour y faire face que nous sommes ici. La vie spirituelle n'est pas pour les cœurs faibles. L'enjeu, c'est de devenir de courageux guerriers spirituels.

Quand j'entends Amma nous le rappeler, je me dis : « Oh non ! Je me suis trompé de profession ! » Mais mystérieusement, avec la grâce, je m'en sors. Amma nous donne toujours la force dont nous avons besoin si nous prions pour l'obtenir.

Il y a plusieurs manières de devenir fort. La force prend parfois la forme d'une présence tranquille, qui se contente d'être assise et d'écouter. Notre présence paisible et silencieuse est en général plus forte et plus courageuse que toutes les voix agressives que l'on entend crier et rugir autour de soi.

Apprenons à être vraiment nous-mêmes. Ne regardons pas les autres avec jalousie. En étant pleinement soi-même, on incite les autres à briller eux aussi de tout leur potentiel.

On raconte l'histoire d'un roi qui alla un matin dans son jardin et découvrit que tout y était fané et se mourait. Près de l'entrée se dressait un vieux chêne. Le roi lui demanda ce qui se passait. Le chêne lui dit qu'il était las de la vie parce qu'il n'était pas aussi grand et beau que le pin. Mais le pin, lui, était découragé, car incapable de donner du raisin comme la vigne. La vigne, elle, voulait se faner et disparaître parce qu'elle n'avait pas l'envergure du pêcher et donnait pas de fruit aussi beau. Même parmi les fleurs, le géranium était triste de n'être pas grand et parfumé comme le lilas, et cet état d'esprit régnait dans tout le jardin.

Lorsqu'il se pencha sur une petite pâquerette, le roi fut agréablement surpris de lui trouver un visage rayonnant qui se tenait bien droit. Elle était aussi joyeuse que d'habitude.

« Eh bien, pâquerette, au milieu de ce découragement général, je suis heureux de trouver au moins une petite fleur courageuse. Tu ne sembles pas être le moins du monde découragée », lui dit le roi.

« Même si je ne compte pas beaucoup, répondit la pâquerette, je suis heureuse, parce que j'ai toujours su que si tu avais voulu un chêne, un pin, un pêcher, ou un lilas, tu en aurais planté un. Je sais que tu as voulu une pâquerette, alors je suis décidée à être la meilleure petite pâquerette possible. »

Apprenons à être ce que nous sommes authentiquement, à donner tout notre potentiel. Amma nous encourage sans cesse à faire face à notre destin, nous rappelant que c'est la confiance en soi – confiance en notre Soi réel – qui permet de tout traverser. La confiance dans le Soi est le filtre qui élimine toute peur.

La peur est difficile à maîtriser car elle est involontaire. Même si nous employons notre discernement et pensons : « Je n'ai rien à craindre », il se peut qu'elle surgisse. Dans ce cas, inspirons profondément, invoquons notre confiance dans le Soi, et continuons notre chemin. Il n'y a rien d'autre à faire. Avec de la pratique, nous constaterons que nous parvenons à surmonter toutes les situations. Même Amma a parfois la bouche sèche lorsqu'elle est sur le point de prononcer un discours important, bien qu'intérieurement elle n'ait peur de rien. Il lui arrive cependant d'avoir la bouche sèche en certaines occasions.

Il y a quelques années, après la sortie du film *Darshan*, Amma fut invitée à Paris pour une cérémonie de remise de prix ; elle devait aussi prononcer un discours. Le moment venu, sa bouche s'asséca un peu. Cela inquiéta l'actrice américaine Sharon Stone qui se trouvait à côté d'elle. Amma était à l'aise, mais Sharon alla lui chercher une bouteille d'eau.

Je n'étais pas auprès d'Amma à ce moment-là, je traduisais son discours en anglais au fond de la salle. Je crois qu'on lui a versé l'eau dans une bouteille de soda dans laquelle on plaça une paille. Les personnes proches d'Amma étaient certaines qu'elle ne boirait pas à la paille, mais à notre grande surprise, elle a pris le verre et a bu une petite gorgée en aspirant avec la paille. Tout le monde, amusé, a applaudi.

« Oh non ! que se passe-t-il ? Amma ne s'arrête jamais pour boire en plein milieu d'un discours ! », ai-je pensé en levant les yeux de ma traduction. Mais ce jour-là, elle l'a fait parce que c'était l'action appropriée. On lui offrait quelque chose à boire et, pour le bonheur de tous, elle l'a accepté avec élégance.

Lors du montage, l'équipe vidéo a coupé la scène de la paille. Quand ils ont montré la vidéo à Amma, elle n'a posé qu'une seule question : « Où est le passage où je bois ? Remettez-le ». Nous étions très étonnés qu'elle demande que cela paraisse dans le film. Cela ne la mettait aucunement mal à l'aise. Elle a tiré au maximum parti de cette situation inhabituelle et en a ri avec tout le monde.

Craintifs, nous redoutons souvent les critiques et les humiliations qui pourraient nous venir des autres. Mais comme Amma nous le rappelle avec douceur : « Nous sommes tous des perles enfilées sur le même fil ».

La peur et la honte sont simplement des éléments de l'ego qui se manifestent malgré nous. Ils sont toujours présents de façon latente et subtile, il est donc difficile de s'en libérer complètement. Soyons courageux, allons de l'avant, et affrontons les situations avec force.

La douleur est inévitable, mais souffrir relève pleinement de notre décision. En toutes situations, souffrir est un choix. Si nous faisons l'action juste au moment juste, nous constaterons que nous nous sortons toujours honorablement des défis de la vie.

La plupart d'entre nous connaissent l'importance de l'abandon de soi, mais l'impatience nous empêche d'en acquérir beaucoup. Rappelons-nous que chaque situation est riche d'enseignements et que la voie de l'abandon est le parcours de toute une vie ; nous finirons ainsi par atteindre le but de la vie humaine *(la réalisation)*.

Efforçons-nous de voir la moindre difficulté comme un test, une épreuve du guru, ou du Divin, conçue pour nous enseigner quelque chose d'important. Amma l'a reconnu ouvertement :

« Je vous mets à l'épreuve dans toutes les situations. » Si nous le croyions vraiment, il serait beaucoup plus facile de s'abandonner, et nous n'aurions plus jamais peur. Nous porterions un regard juste sur toute chose, dans une lumière positive, et nous accomplirions la moindre action en toute conscience.

Il y a quelques années, pendant le tour d'Europe, deux jeunes enfants adoraient s'asseoir à côté du médecin qui soignait le groupe accompagnant Amma. Lors des consultations, en qualité d'« apprentis », ils imitaient tout ce que faisait le docteur, et on les voyait souvent tenir le stéthoscope et vérifier le rythme cardiaque des patients.

Une dévote vint pour une consultation. Dès son arrivée, un des enfants lui offrit un comprimé. « Non, tu ne peux pas faire ça. Tu ne peux pas distribuer des comprimés comme ça ! » dit-elle en colère au garçon en le grondant. Elle se rendit compte ensuite que ces comprimés étaient exactement les médicaments qu'il lui fallait.

La plupart d'entre nous trouvent toujours prétexte à se plaindre. Nous écoutons beaucoup trop la partie négative de notre mental. De fait, il est très souvent notre conseiller favori. Mais si nous apprenons à nous abandonner, nous verrons que tout nous vient de Dieu. Cette attitude nous conduira certainement au but.

N.B. : Malgré l'importance primordiale de l'abandon de soi, il est néanmoins déconseillé de se fier aux conseils médicaux des enfants.

Il est étrange en vérité que l'abandon au Divin nous semble si difficile. Lorsque nous réussissons, c'est si bon ! Lâcher prise et accepter joyeusement tout ce qui arrive, c'est trouver la paix du paradis.

Toute expérience est un message du Bien-Aimé, une grâce venue pour faire fondre nos négativités. Néanmoins, dans les moments difficiles, il faut faire preuve d'une très grande vigilance pour se maintenir dans cet état d'abandon. Accepter avec l'attitude juste tout ce qui se présente nous mènera au seuil de la réalisation de Dieu.

Chapitre 8

Le plus précieux des Trésors

« Si tu es déprimé, c'est que tu vis dans le passé.
Si tu es anxieux, c'est que tu vis dans le futur.
Si tu es en paix, tu vis dans le présent. »

Lao Tseu

Il ne devrait pas être si difficile de choisir le bonheur. Alors pourquoi échouons-nous ? Il suffit d'accepter ce qui arrive avec gratitude et de s'y adapter. Si nous acceptions vraiment les obstacles qui surviennent, au lieu de vouloir que le monde extérieur se mette en quatre pour satisfaire nos désirs, nous trouverions aisément le bonheur qui nous échappe si souvent.

Deux championnes de tennis discutaient. L'une d'elles confia à l'autre la plus importante leçon qu'elle eût jamais apprise. Un jour qu'elle s'était plainte de la qualité de rebond des balles de tennis sur la surface du terrain, une amie, qui était aussi une grande championne, lui répondit : « Ce n'est pas en se plaignant que le rebond des balles changera ; les champions s'adaptent, tout simplement ».

Devenir un champion exige une quantité impressionnante d'efforts personnels, de persévérance et de discipline. Quand nous apprendrons à tirer le meilleur parti des situations difficiles auxquelles nous sommes confrontés, alors nous deviendrons aussi les champions que nous aspirons à être. Mais pour la plupart, nous ne sommes pas prêts à fournir l'effort et à nous imposer l'autodiscipline nécessaires pour maîtriser nos pensées, nos émotions, et nos actions.

En théorie, il suffit de s'adapter autant que possible aux circonstances qui se présentent et de choisir d'être satisfait quoi qu'il arrive. Cela semble facile n'est-ce pas ?

Quelqu'un demanda un jour à Amma : « Amma, pourquoi ne pouvons-nous pas changer le *Kali Yuga* (Age du vice) en *Satya yuga* (Age d'or) ? »

Voici ce qu'Amma répondit : « C'est difficile. Il vaut mieux que chacun effectue une transformation intérieure. Il est préférable de mettre des chaussures plutôt que de chercher à couvrir la planète entière de tapis. » Notre vie sera toujours remplie d'obstacles. Le mieux, c'est de l'accepter, de ravaler son ego et de décider d'être heureux de toute façon. Tout sera beaucoup plus facile si nous nous souvenons que toute expérience, sans exception, est une bénédiction qui parfois se camoufle sous un costume sinistre et même terrifiant.

Amma se met à notre disposition pour nous aider au milieu de nos difficultés, elle nous offre des perles de sagesse pour nous guider dans les mystères de la vie. Elle use son corps jusqu'à la corde en donnant le darshan presque tous les jours, car elle veut prendre soin de tous ceux qui viennent à elle.

Elle essaie de s'assurer que chacun obtienne un moment personnel avec elle quand il en a vraiment besoin, et cela même si des milliers de gens réclament son attention avec insistance. Amma se sacrifie sans fin pour élever notre conscience, mais pouvons-nous dire honnête-ment que nous utilisons correctement ce qu'elle nous offre ?

Une femme âgée du Nord de l'Inde vint la voir avec deux enfants sourds et lui demanda de les guérir. Amma lui dit qu'elle prierait pour eux et lui donna deux petites bananes en guise de prasad. Mais elle refusa de les manger parce qu'elle n'aimait pas les bananes.

Elle était venue demander la guérison de sa famille mais refusa la bénédiction qu'Amma lui offrait. Nous demandons beaucoup, mais ne voulons pas écouter ; nous refusons d'accepter humblement les instructions qui nous sont données.

Essayons d'assimiler les enseignements d'Amma. Tout le monde veut entendre ses paroles. Tout le monde veut être proche d'elle et la toucher, mais voulons-nous réellement suivre ses enseignements ? Si oui, efforçons-nous de les mettre en pratique.

Lors d'un programme récent à Chennai, nous nous trouvions l'après-midi sur l'estrade quand une odeur infecte se mit à flotter dans l'air. Elle venait des toilettes des hommes, situées non loin de là.

Quelques personnes essayèrent de camoufler les relents en brûlant de l'encens. Je me demandais intérieurement si quelqu'un avait tout simplement pensé à *nettoyer* les toilettes, plutôt que d'essayer désespérément d'en couvrir l'odeur.

Je me rendis compte que la solution de facilité choisie par les dévots était une belle métaphore de la manière dont nous menons notre vie. Nous diffusons du parfum partout au lieu de nettoyer et de purifier l'intérieur. Nous nous lavons et nous frottons le corps, nous mettons du déodorant et du parfum pour sentir bon, pour que personne ne découvre qui nous sommes réellement. Nous nous promenons en trimbalant à l'intérieur toutes les saletés d'un corps et d'un esprit en décomposition, croyant ainsi, bien à tort, duper tout le monde, Dieu y compris.

Amma nous offre tout. Elle nous donne toute la connaissance, la grâce, le bonheur et l'amour dont nous avons besoin. A travers ses actions, elle nous donne un exemple pratique et nous enseigne comment vivre. Mais pour tirer réellement profit de ces dons, il faut d'abord les assimiler correctement.

Prenons des mesures pour agir en accord avec les leçons qui nous sont prodiguées. Il est inutile de se contenter d'emmagasiner les informations dans notre tête, sans les mettre en pratique.

La pasteure Crystal Boyd a écrit un très beau texte alors qu'elle traversait une période extrêmement difficile. Elle envoya ses paroles d'espoir à ses amis par mail. Ce dernier les encouragea tant qu'ils le transférèrent à d'autres, et il finit par parcourir le monde, touchant des millions de vie.

Voici ce qu'elle a écrit :

« La vie est pleine de difficultés. Mieux vaut l'admettre et décider d'être heureux de toute façon. Une de mes citations préférées vient d'Alfred D. Souza : « Pendant longtemps, il m'a semblé que ma vie, ma vraie vie, était sur le point de commencer. Mais il y avait toujours des obstacles : quelque chose à traverser d'abord, une affaire non menée à terme, un contrat à terminer, ou encore une dette à payer. Ensuite, ma vie commencerait. Je finis

par me rendre compte que ces obstacles
étaient ma vie. »

Cette façon de voir m'a aidée à comprendre
qu'il n'y a pas de voie qui mène au bonheur. Le
bonheur est la voie. Alors, chérissez comme un
trésor chaque moment et chérissez-le d'autant
plus que vous le passez auprès d'un être spécial,
assez spécial pour que vous ayez choisi de passer
votre temps avec lui. Et souvenez-vous que le
temps n'attend personne.

Alors, arrêtez d'attendre d'avoir fini l'école,
d'être retourné à l'école, d'avoir perdu cinq
kilos, d'avoir pris cinq kilos, d'avoir des enfants,
que vos enfants aient quitté la maison, d'avoir
commencé à travailler, d'avoir pris votre retraite,
de vous être marié, d'avoir divorcé, d'être à
vendredi soir, dimanche matin, d'acheter une
voiture neuve ou une nouvelle maison, d'être
au printemps, en été, à l'automne, en hiver, de
ne plus bénéficier des aides sociales, d'être au
premier ou au quinze du mois, que votre chanson passe à la télé, que vous ayez bu un coup,
que vous soyez sobre, d'être mort, d'être né à
nouveau, n'attendez pas pour décider qu'il n'y

a pas de meilleur moment que là, tout de suite, maintenant, pour être heureux.

(Le bonheur est un voyage, pas une destination). »

Chaque fois qu'on apporte à Amma une plante ou un légume que l'on a cultivé soi-même, son visage s'éclaire d'une joie enthousiaste. Certains pourraient regarder ce petit cadeau vert et penser cyniquement que ce n'est qu'un légume, mais Amma sait que la joie naît de la manière dont nous utilisons notre mental. Elle se délecte des sentiments d'amour et de respect qui ont inspiré cette personne à faire l'effort de cultiver la plante ou le légume. Mais si quelqu'un se contente d'acheter une plante pour la lui offrir, Amma reconnaît aussi l'amour avec lequel ce cadeau lui a été offert. Elle accueille tout avec enthousiasme et dans la joie. Elle donne le parfait exemple de la manière de recevoir, et peu importe si ce n'est qu'un légume. Tout peut nous procurer de la joie si nous le voyons avec l'attitude juste.

Rappelons-nous que toutes nos expériences sont la volonté de Dieu, et Dieu n'est qu'amour. Il faut simplement « regarder avec les yeux de l'amour » pour percevoir la vraie nature de toutes choses. La moindre petite pomme de terre, le bébé tomate, et la feuille d'épinard sont de splendides manifestations de l'amour de Dieu. C'est ainsi qu'Amma voit le monde, et elle nous montre comment accéder à cette vision.

Une citation merveilleuse de Melody Beattie donne à réfléchir : « La gratitude nous révèle la plénitude de la vie. Grâce à elle, ce que nous avons devient suffisant, et même abondance. Elle transforme le refus en acceptation, le chaos en ordre, la confusion en clarté. Elle peut faire d'un simple repas un festin, d'une maison un foyer, d'un inconnu un ami. La gratitude donne un sens à notre passé, apporte la paix du jour, crée une vision de l'avenir. »

Lors de nos voyages avec Amma, nous rencontrons des gens immensément riches ; ils possèdent des millions de dollars et du pouvoir, mais ils ne sont pas heureux. Les plus heureux sont souvent au contraire ceux qui n'ont que très peu de richesses matérielles. Les propriétaires des gros comptes en banque souffrent parfois des blessures intérieures les plus profondes et d'un sentiment de vide. Ceux qui se contentent de très peu pour être heureux nous offrent un exemple d'une grande profondeur.

Depuis de nombreuses années, une veuve vient régulièrement voir Amma depuis un village éloigné. Elle a deux enfants qu'elle élève seule. Ils n'ont qu'une vache mais avec le lait de cette seule vache, ils arrivent à vivre.

Malgré leurs ressources limitées, ils s'efforcent de venir à l'ashram toutes les deux semaines. Ils sont satisfaits de leur sort et ne se sont jamais plaints à Amma. Ils sont toujours heureux.

La différence entre les ressources des pauvres et celles des riches est parfois ahurissante. Toutefois, la valeur notre vie ne se mesure pas à l'argent, mais à la paix de l'esprit et à la joie du cœur. Le vrai bonheur provient de la manière dont nous utilisons notre mental. Un mental paisible et heureux est notre seule vraie richesse.

Pour devenir un champion spirituel, il faut apprendre à utiliser correctement le mental. Si nous réussissons à maîtriser nos pensées et à transformer notre attitude dans les moments difficiles, en éloignant notre esprit de la négativité pour l'élever vers la paix, alors nous devenons de vrais champions qui jouissent pleinement de la béatitude et de la liberté. Être en mesure de sourire tout en portant son fardeau de problèmes est la plus grande des bénédictions et le plus précieux des trésors.

Chapitre 9

Porter son lot

L'apôtre Paul, alors privé de tout confort,
écrivit dans son cachot : « J'ai appris à être
content quelle que soit la situation ».

Philippiens 4 :11

Tout le monde souffre d'une manière ou d'une autre. Certains n'ont que de petits soucis qui les agacent, tandis que d'autres portent toute leur vie un lourd fardeau de douleur. Quand nous aurons appris à maîtriser pensées et émotions, à tendre de tout notre être vers un noble idéal, alors seulement nous atteindrons le but de la vie.

Certains souffrent de handicaps physiques mais Amma dit que le vrai handicap, c'est le mental. Si nous parvenons à calmer pensées et émotions, nous nous libèrerons complètement de nos souffrances. Beaucoup de gens choisissent inconsciemment de porter leur fardeau car ils ignorent les bases de la maîtrise du mental. Ils n'ont pas d'idéal, pas de but réel. Contrairement à ce que l'on dit souvent, l'ignorance ne fait pas le bonheur. Elle est la cause d'indicibles souffrances.

J'ai un jour regardé un beau dessin animé qui illustre un point fondamental. Un groupe marchait le long de la route, chacun portant sur l'épaule une lourde croix de bois.

Un homme pria : « Mon Dieu, cette croix est trop lourde pour moi. S'il Te plaît, allège mon fardeau en le taillant quelque peu. C'est trop dur pour moi. » Dieu coupa donc un morceau de sa croix.

Ils se traînaient tous, chacun avec sa croix. « Mon Dieu, demanda encore le même homme épuisé, c'est encore trop lourd. Taille-la encore un peu plus, s'il Te plaît, Seigneur. » Dieu exauça sa demande, et l'homme continua à marcher en titubant. Au bout de quelques pas, il s'écria à nouveau : « Mon Dieu, s'il Te plait plaît, allège-moi encore ce fardeau ». Pour la troisième fois, Dieu tailla sa croix, désormais courte et facile à porter.

Ils arrivèrent ensuite à une gorge profonde au fond de laquelle se trouvait une vallée. En réalité, les croix étaient conçues pour leur permettre de passer en toute sécurité de l'autre côté du fossé. Tous posèrent leur croix par-dessus le fossé et marchèrent dessus comme sur un pont, mais l'homme qui avait imploré Dieu de réduire son fardeau resta bloqué de l'autre côté avec son petit bout de croix inutile. Il se retrouva coincé là, tout seul.

La vie nous présente sans arrêt des difficultés. Usons de discernement pour savoir quand il faut accepter ce qu'elle nous apporte, en essayant d'être heureux et reconnaissant, et quand il faut s'efforcer de changer les choses. Une seule chose est sûre : il y aura toujours des problèmes.

Le théologien Reinhold Niebuhr a formulé avec grande sagesse l'attitude à adopter quand surgissent les inévitables problèmes. Sa prière est répétée chaque jour chez les « Alcooliques Anonymes », inspirant des millions de gens qui s'efforcent d'abandonner leur ancien mode de vie et d'en adopter un nouveau, dédié à la spiritualité et au service :

« Mon Dieu, accorde-moi la sérénité nécessaire pour accepter ce que je ne peux pas changer, le courage de changer ce que je peux, et la sagesse de distinguer entre les deux. »

Pourquoi ces fardeaux de chagrins ? Cela dépasse parfois notre entendement. Qu'il s'agisse de problèmes de santé, de douleurs psychologiques, de difficultés familiales ou financières, chacun a son lot de souffrances.

Il y a quelques années, j'ai lu sur le site officiel d'Amritapuri un article qui relatait l'histoire tragique de ce survivant d'une inondation dans le Nord de l'Inde. Lorsque les eaux déferlèrent, sa famille s'était réfugiée sur le toit de la maison. Beaucoup de voisins, paniqués, les avaient rejoints. Mais avec la montée des eaux et le nombre excessif de personnes sur le toit, la maison s'était écroulée sous le poids.

Toute la famille de cet homme, son épouse et ses enfants, a péri noyée. Ils sont morts alors qu'il les tenait encore. Tous ses voisins et ses amis sont morts également. Seule sa sœur a survécu.

Fou de désespoir, il s'est tourné vers elle et lui a demandé : « A quoi ça sert de vivre maintenant ? Nous avons tout perdu. Autant prendre

du poison et mourir. » Elle l'a giflé et s'est écriée :
« Comment oses-tu parler ainsi ? Dieu nous a
donné la vie. Nous n'avons qu'une chose à faire :
continuer ». J'ai pleuré à la lecture de cette histoire déchirante. C'est pourtant l'expérience de
victimes dans le monde entier, qui n'ont pas
d'autre choix que d'endurer quotidiennement
d'épouvantables souffrances. Nous vivons dans
un monde rempli d'immenses douleurs.

Après la catastrophe, Amma a envoyé des
dévots sur les lieux pour aider les survivants
à se remettre. L'homme dont l'article raconte
l'histoire dit qu'en parlant avec les bénévoles, et
pour la première fois depuis qu'il avait perdu sa
famille, il s'est senti enfin apaisé et détendu. La
force de sa sœur, le réconfort et l'attention pleine
d'amour des bénévoles envoyés par Amma l'ont
aidé à conserver son équilibre mental.

Grâce à eux, il a réussi à se remettre de cette
tragédie et à sourire de nouveau. Il est peut-être
presque impossible de revenir des abîmes du
désespoir après un coup si cruel de la vie, mais
il existe un baume magique qui guérit toutes les
blessures : l'amour désintéressé et la gentillesse

que nous recevons d'autrui apaisent notre douleur et nous aident à guérir.

Apprenons à être en paix avec Dieu et à trouver la foi nécessaire pour comprendre que nos souffrances ne sont pas des punitions. Dieu est pur amour. Il doit donc exister une autre cause à notre douleur. Quoiqu'il arrive, trouvons la force de continuer, sachant qu'un jour tout deviendra clair et que nous comprendrons. Amma nous rappelle constamment que nous avons un potentiel intérieur infini, qui nous permet de supporter n'importe quoi. Le problème, c'est que nous ignorons encore où trouver cette source de force et comment y puiser.

Il ne nous est jamais imposé d'endurer ce que nous n'aurions pas la force de supporter. Au moment où les problèmes surviennent, il est très difficile de garder son sang-froid. C'est souvent plus tard, lorsque nous avons l'esprit clair et que nous sommes capables de discerner, que nous comprenons pourquoi nous avons dû affronter ce karma.

Efforçons-nous de donner un sens positif à notre souffrance. Nous éviterons ainsi une douleur interminable. Si nous la dépassons et apprenons ce qu'elle nous enseigne, nous pourrons aider de nombreuses âmes qui errent dans les abîmes du désespoir. La graine du chagrin contient en germe la plus grande des sagesses.

C'est l'histoire d'un homme âgé qui vient de perdre sa femme. Quand ses amis et sa famille arrivent pour prendre part à son chagrin, il les accueille avec le sourire. « Ma femme, dit-il, a pris soin de moi tout au long de notre vie commune. J'avais peur de mourir le premier et de la laisser seule. Maintenant qu'elle est partie, ce sera à moi d'affronter la solitude, mais je suis plein de gratitude car voilà au moins une chose que je peux faire pour elle. »

C'est lorsque nous sommes contraints de sortir de notre zone de confort, de connaître la douleur et l'inconfort que nous pouvons vraiment grandir. C'est alors seulement que nous sommes en mesure d'accomplir ce que la vie nous demande. Amma nous le rappelle souvent, mais nous ne la croyons jamais complètement. Il est très rare que nous fassions vraiment le maximum d'effort et que nous utilisions pleinement nos capacités.

Efforçons-nous sincèrement de mettre en pratique ces paroles d'Amma. D'ici-là, la vie nous poussera sans arrêt dans des situations difficiles, pour nous faire découvrir notre force spirituelle cachée.

En acceptant ce que la vie nous offre avec une attitude positive, nous pouvons éradiquer la négativité enracinée en nous. Rappelez-vous cette vérité simple, mais difficile à comprendre : *tout* est la Volonté divine. Quoi qu'il arrive, même l'événement le plus douloureux, c'est toujours pour le mieux. Vraiment.

Durant la seconde guerre mondiale, l'armée allemande attaqua de nombreux villages, pilla tous les fermiers et s'empara de leurs cochons afin de nourrir les troupes. Les gens étaient bouleversés. Les cochons étaient leur gagne-pain. Privés de leur nourriture de base, ils étaient terrifiés et ignoraient comment ils allaient nourrir leur famille. Ils allèrent alors aux champs et se cultivèrent davantage de légumes et de céréales, dans l'espoir que la récolte serait suffisamment abondante pour leur permettre de survivre au froid hivernal qui sévit en Europe.

Ironie du sort, chez les villageois contraints d'abandonner la viande et d'adopter un régime végétarien, il y eut une chute drastique des cas de maladies cardiaques et une très nette amélioration de la santé. Ce que nous prenons pour un malheur s'avère parfois la meilleure chose qui puisse arriver. Seuls le temps et la patience nous le démontreront.

Amma raconte souvent l'histoire d'un groupe d'escargots qui se dirigeaient lentement vers une forêt. Quand on les avertit que la forêt était dépouillée de toute verdure et désolée, les escargots répondirent avec enthousiasme : « Ce n'est pas un problème ! Le temps que nous arrivions, tout aura repoussé et nous trouverons une belle et verte forêt ! ».

Prenons exemple sur ces escargots et ne perdons jamais ni la patience ni l'enthousiasme. La patience et l'enthousiasme sont aussi rares et précieux que l'or pur. Si nous parvenons à les cultiver dans le monde malheureux d'aujourd'hui, ce sont réellement de précieuses qualités.

Amma se concentre sur la joie et ne s'attarde pas sur le négatif. Elle connaît le passé, le présent et le futur et comprend parfaitement les sentiments dont nous sommes prisonniers quand nous nous sentons perdus, tristes, en colère ou déprimés. Elle essaie néanmoins de nous préserver du piège qui consisterait à ruminer nos malheurs. Elle nous guide constamment, nous ramène vers notre centre, où nous trouvons plus d'équilibre et la possibilité de choisir la voie du bonheur.

Chapitre 10

Cultiver la gratitude

> « *Si n'éprouvons aucune gratitude pour ce que nous avons déjà, qu'est-ce qui nous fait croire que nous serions heureux avec davantage ?* »
>
> *Auteur inconnu*

Pourquoi ressasser ce qui ne va pas ? C'est l'histoire drôle du bébé moustique qui revient de son premier vol dans le monde. « Comment te sens-tu, mon fils ? », lui demande son père. « C'était merveilleux, papa, répond-il. Tout le monde m'a encouragé avec des applaudissements ». C'est ce genre d'attitude positive qui nous aide à traverser les moments difficiles.

Soyons résolus à adopter l'attitude la plus enthousiaste et la plus positive possible. La manière dont nous utilisons notre esprit a une influence énorme. Un poème d'un auteur inconnu, intitulé « Attitude », décrit le genre de perspective qu'il s'agit d'adopter.

Il était une fois une femme qui se réveilla un matin, se regarda dans le miroir, et constata qu'elle n'avait que trois cheveux sur la tête.
« Bien, dit-elle, je pense que je vais me faire une tresse aujourd'hui ».
Ainsi fit-elle et elle passa une magnifique journée.

Le lendemain, elle se réveilla, se regarda dans le miroir et vit qu'elle n'avait que deux cheveux sur la tête.
« Hum, dit-elle, je pense que je vais me faire une raie au milieu aujourd'hui »
Ainsi fit-elle et elle passa une journée grandiose.

Le jour suivant elle se réveilla, regarda dans le miroir et vit qu'elle n'avait qu'un cheveu sur la tête.
« Bien, dit-elle,
Aujourd'hui je vais me faire une queue de cheval »
Ainsi fit-elle et elle passa une journée hyper amusante.

Le jour d'après elle se réveilla, se regarda dans le miroir et remarqua qu'il n'y avait pas un seul cheveu sur sa tête.

« *Super ! s'exclama-t-elle. Je n'ai pas à me coiffer aujourd'hui !* »

Personnellement, je me retrouve dans cette histoire, parce que j'ai très peu de cheveux. Agir de son mieux dans le moment présent avec le peu dont on dispose, c'est tout ce que l'on peut faire.

Par son exemple, Amma nous enseigne comment se concentrer sur la joie et l'acceptation, non sur le chagrin. Si nous la regardons, même peu de temps, nous ressentons la joie divine qui la traverse, émane d'elle et rayonne tout autour. Elle a trouvé la source intérieure et y puise ; elle nous montre ainsi que nous pouvons nous aussi atteindre cet état. C'est absolument possible.

Ceux qui ont un mental raffiné et une certaine compréhension spirituelle perçoivent la splendeur d'une sainte comme Amma, alors que d'autres n'ont pas encore un mental assez subtil pour saisir sa grandeur. La profondeur de notre compréhension dépend de ce qui a déjà été éveillé en nous.

Il semble parfois que la vie nous traite durement. Il y a des jours où tout va mal. Mais il faut lutter chaque jour avec ses démons, sinon ils risquent de prendre le dessus. Seul un être courageux peut se tourner vers l'intérieur et opter pour l'action juste dans les situations difficiles.

Il paraît souvent beaucoup plus facile de prendre le raccourci obscur vers lequel nous orientent nos démons, plutôt que d'emprunter la route moins fréquentée du *dharma*, la voie juste. Nous savons bien quel chemin mène à notre croissance spirituelle, mais pour une raison ou une autre, nous ne choisissons pas toujours la bonne voie. Ne cédons pas si facilement à ce qui est injuste *(adharmique)*. Il s'agit de devenir d'intrépides guerriers spirituels.

Plutôt que d'essayer de vaincre les ennemis extérieurs qui nous hantent, combattons d'abord nos démons intérieurs. Ce sont eux qu'il faut conquérir car ils nous font plus de mal que toute autre chose. Mais la plupart des gens n'en sont pas conscients.

Je me suis rendue compte que quelques-unes des plus grandes bénédictions que j'ai reçues sont venues de ma lutte avec mes monstres intérieurs. Ce qui nous effraie deviendra notre meilleur allié si nous apprenons à contrôler le mental. L'obscurité peut se transformer en lumière, la faiblesse en force. Métamorphoser les eaux terrifiantes du mental pour en faire la rivière fraîche et puissante de la grâce requiert simplement des efforts personnels, une attitude positive et de la vigilance.

Face aux difficultés, rappelons-nous ce conseil encourageant d'Amma : « Efforcez-vous simplement de faire de votre mieux. Vous vous rendrez compte qu'après tout, ce n'était pas si difficile. » Si nous faisons tous les efforts possibles et abandonnons notre dur travail au Divin, quand nous examinons de plus près ce qui nous perturbe, nous découvrons à coup sûr qu'une bénédiction se cache derrière toute malédiction. Quand nous voyons le monde de cette manière, nos difficultés ne nous tourmentent plus. Elles deviennent les germes de notre transformation.

Les docteurs Robert Emmons, de l'Université de Californie à Davis, et Michael McCullough, de l'Université de Miami, ont mené une étude pour examiner comment l'attitude intérieure affecte la qualité de la vie.

Dans le cadre de cette étude, ils ont réparti les participants en trois groupes et leur ont demandé de tenir quotidiennement un journal. Au premier groupe, il fut demandé d'écrire le détail de leur vie quotidienne, au second de ressasser leurs problèmes et leurs sujets d'irritation, au troisième de noter chaque jour ce pour quoi ils étaient reconnaissants.

Les résultats furent éclairants. A la fin de l'étude, les gens du groupe qui s'était concentré sur la gratitude manifestaient un degré de bonheur et de bien-être significativement supérieur. Ils avaient plus d'énergie, de détermination, de vigilance, d'attention et d'enthousiasme.

Les bienfaits de la gratitude ne se limitaient pas au ressenti des participants. Ils avaient un effet à l'extérieur. L'étude prouva que, contrairement à ceux qui se concentraient sur les faits ou les problèmes, ceux qui se concentraient sur la gratitude avaient beaucoup plus de chance d'œuvrer à la réalisation de leurs objectifs et de les atteindre.

Emmons et McCullough découvrirent en outre que le fait de cultiver la gratitude *quoi qu'il arrive* engendrait des changements bénéfiques chez les participants. Outre les listes de gratitude, la prière, la participation à des services religieux et l'étude de textes spirituels s'avérèrent d'autres méthodes efficaces.

Certains n'ont pas besoin d'études scientifiques pour cultiver la gratitude. Je connais une femme qui possède de la force intérieure et qui m'a parlé d'un jeu qu'elle pratique chaque fois qu'elle se sent en colère ou déprimée. Elle se retrouve avec une de ses amies et elles nomment à tour de rôle une chose pour laquelle elles éprouvent de la gratitude.

Cela ressemble à un échange de balles, par exemple : « Amma » dit la jeune fille. « Le ciel » répond son amie. « Pizza », « Seva », Glace ». Le jeu a un effet tout simple : il évacue la négativité de leur esprit contrarié et donne à la vie une tournure joyeuse.

Comme l'a dit un jour le célèbre philosophe Eric Hoffer, « l'arithmétique la plus difficile à maîtriser est celle qui permet de compter ses bénédictions ». C'est très vrai, mais si nous développons la force intérieure nécessaire pour demeurer dans la gratitude, nous connaîtrons la joie. Tant que nous regarderons le monde à travers notre vision limitée, nous ne verrons que des problèmes. Un jour, quand notre vision sera devenue limpide, nous verrons et percevrons la splendeur en toute chose. Nous contemplerons partout la perfection. Si cette vision nous fait actuellement défaut, c'est que nous n'avons pas encore suffisamment raffiné et harmonisé notre esprit pour y accéder.

Un homme qui avait été aveugle vint me parler après l'opération qui lui avait rendu la vue. Il ne pouvait pas croire que le monde soit si merveilleux. Il était impatient de découvrir la beauté de toute chose.

Nous pensons souvent que ce monde est cruel, mais cet homme ne voyait que la splendeur dans tout ce qui l'entourait. Lorsque nous essayerons de voir le monde tel qu'il est réellement, c'est-à-dire comme la manifestation de l'amour divin, alors nous constaterons que la beauté est partout.

Ne perdons pas notre temps et notre énergie à penser aux horreurs du monde. Amma ne veut pas que nous y pensions trop. Cela ne fait que nous affaiblir. Elle nous encourage plutôt à développer la compassion. Notre devoir est de ressentir de l'empathie pour ceux qui souffrent et de faire notre possible pour aider les nécessiteux.

Il y a tant de gens merveilleux dans le monde. Certains, qui étaient impliqués dans des activités dangereuses ou illégales, ont trouvé la force de changer de vie. Beaucoup d'entre eux ont choisi de retourner dans les rues dangereuses d'où ils venaient pour aider les autres à quitter des vies de violence et de criminalité. Leurs vies ont été façonnées par de rudes expériences, cependant ils sont pour beaucoup une source d'inspiration qui les incite à changer et à devenir meilleurs.

Utilisons nos talents et l'expérience acquise pour aller vers les autres et les aider. C'est pour cela que Dieu nous les a offerts. Au cours de ce processus, nos chagrins personnels s'évanouiront et nous les oublierons. Amma dit souvent que si nous passons une seule seconde à témoigner de la gentillesse à une autre personne, et la rendons ainsi heureuse, c'est déjà en soi une réussite. C'est à la portée de tous. Seul le moment présent est entre nos mains. Essayons donc dès maintenant de faire de bonnes actions.

Sur l'ensemble de la planète, il y a une prise de conscience. Les gens se rendent compte que nous devons prendre meilleur soin de Mère Nature ainsi que de nos frères et sœurs humains. Les vibrations positives de ces personnes tournées vers la spiritualité ont sans nul doute un effet bénéfique sur notre monde mal en point. Si nous ne considérons que nos propres besoins, sans aucun égard pour ceux des autres, nous devenons égoïstes, insensibles et déprimés. Nous risquons alors de sombrer très bas et de gâcher notre vie entière, emmitouflés dans l'égocentrisme.

Amma dit qu'il y a toujours quelqu'un qui nous observe et nous prend pour modèle, même si c'est notre petit frère ou notre petite sœur. Si nous accomplissons des actes de bonté, même très modestes, d'autres suivront peut-être notre exemple. Lentement, pas à pas, nous pouvons changer le monde.

Dieu a créé un monde merveilleux. La souffrance et la négativité que nous voyons ne sont pas la création de Dieu, mais la nôtre. Nous avons créé la souffrance ; elle a son origine dans le manque de contrôle du mental et de l'ego. Amma nous montre une autre voie pour évoluer. Contrairement à nous, elle voit le miracle divin en toute chose et cela lui apporte la joie suprême.

Amma est totalement dans le moment présent. Cela ne veut pas dire qu'elle reste oisive et observer tranquillement la splendeur de la création de Dieu. Personne n'a jamais travaillé autant ni aussi longtemps qu'elle. Elle donne son maximum absolu dans chaque situation et accorde le minimum absolu à ses propres besoins. Personne n'a investi autant d'énergie personnelle dans le service des pauvres et des nécessiteux.

Chapitre 11

L'amour et le travail

« Le meilleur remède à la lassitude consiste à aider quelqu'un qui est encore plus fatigué. Voici bien l'une des plus grandes ironies de la vie : celui ou celle qui sert en retire presque toujours davantage que celui ou celle qu'il a servi. »

Auteur inconnu

Amma nous enseigne que le travail acharné est l'ingrédient secret d'une vie réussie et heureuse. On ne peut pas compter uniquement sur la grâce. Il est indispensable de faire des efforts. En réalité, seul l'effort nous apporte la grâce.

Une femme qui a rencontré Amma à Los Angeles est venue en Inde et a participé au tour du Nord de l'Inde. Elle est maquilleuse à Los Angeles et travaille à Hollywood avec les grandes stars.

Durant le tour, elle m'a parlé de son *seva* :

« Je suis au bar des jus de fruits, ce qui est très bien en soi, mais j'ai le sentiment d'avoir raté ma chance, parce que les personnes qui sont de service avant nous font tout le travail. Du coup, lorsque nous arrivons, on nous dit : « Coupez quelques citrons verts et ensuite vous pouvez partir ». Je finis donc toujours avant l'heure et je vais m'asseoir sur l'estrade avec Amma.

Mais un jour, Amma m'a regardé avec insistance et j'ai eu le sentiment qu'elle voulait que je me salisse en faisant un vrai seva. Je suis donc descendue de l'estrade et j'ai croisé une femme qui partait ramasser des papiers dans la rue. Nous avons ramassé les déchets ensemble. C'était une expérience vraiment humiliante.

Beaucoup de gens me dévisageaient, tandis que je ramassais les déchets dans la rue avec mes vêtements blancs. Certains claquaient des doigts pour attirer mon attention sur d'autres ordures à ramasser par terre sur le sol. Bien entendu, ils

n'avaient pas l'intention de faire eux-
mêmes le moindre geste pour cela. Mais
c'est alors que j'ai commencé à apprécier
ce seva. « J'aime vraiment ce seva salis-
sant, pensais-je. Non, sérieux, tous les
jours je devrais mettre mon tablier et
y aller ». Le jour suivant je débordais
d'enthousiasme en repartant pour ce
'vrai' seva. J'avais compris ce qu'il fallait
faire, où mettre les détritus après les avoir
ramassés etc. J'avais les mains pleines
d'ordures et des vêtements sales. C'était
vraiment palpitant.

C'est alors que des dévots m'ont arrêtée et m'ont demandé : « On peut vous
prendre en photo ? ». Ma compagne de
seva m'a dit : « Allez ! viens ! ». Je lui ai
répondu : « Eh ! Attends une minute ! Je
dois m'occuper de ces gens-là. » Je me suis
recoiffée, j'ai essuyé la poussière de mes
habits et j'ai pris la pose pour eux avec
mon ramasse-ordures. (« Cela risque de
se retrouver quelque part sur Facebook, »
ai-je pensé). Environ une heure après,
c'était mon tour d'être près d'Amma sur

l'estrade. Elle s'est tournée pour regarder toutes les personnes assises. Puis elle m'a regardée directement et m'a fait de la tête un signe de profonde approbation. »

Le seul désir d'un authentique Maître spirituel est que nous soyons heureux ; ils s'efforcent tous de nous insuffler le désir de fournir les efforts nécessaires pour trouver la paix de l'esprit. Amma est unique et son but est le suivant : nous voir atteindre l'état de béatitude, la même béatitude qu'elle goûte ; elle fera tout ce qu'il faut pour cela. Notre travail est au fond très simple, mais il nous est néanmoins très difficile de fournir les efforts nécessaires.

Amma a dit : « Voir mes enfants dans un état de *samadhi* (béatitude) serait comme … ». Elle fit mine alors de boire l'ambroisie divine. Un regard de béatitude illumina son visage quand elle prononça ces mots. Il était magnifique de voir ce que nous pourrions vivre, si seulement nous essayions vraiment.

« Le bonheur de mes enfants est la nourriture de Mère. Le bonheur d'Amma, c'est de vous voir trouver la béatitude en vous. » Elle nous le répète sans cesse.

Il y a un prix à payer pour atteindre cet état d'extase suprême. Cela exige un travail acharné et difficile. Ne soyons pas paresseux. Amma nous encourage à faire des efforts constants afin de trouver la joie suprême.

Amma met toute la grâce et la facilité possibles dans l'effort, quoi qu'elle fasse. Lors de la célébration de son 61ème anniversaire, quelqu'un a déclaré dans son discours : « Amma travaille sept semaines par jour ». Ma première réaction fut de rire un peu intérieurement, croyant qu'il s'agissait d'un petit lapsus. Mais en y repensant, je me suis rendue compte que ces paroles étaient en fait très pertinentes et absolument vraies. Chaque jour, Amma accomplit réellement l'équivalent du travail de sept semaines. Personne au monde ne peut rivaliser, même de loin, avec elle et abattre autant de travail.

Nous jugeons souvent ce que nous entendons en fonction de notre schéma mental limité. Mais si nous élargissons un peu notre esprit, nous découvrirons qu'il y a d'autres niveaux d'existence, au-delà des régions les plus reculées de notre imagination. Pour l'instant, nous n'y comprenons absolument rien. Lorsque nous atteignons un certain degré d'humilité, notre vision s'élargit et un monde bien plus vaste de possibilités se révèle à nous.

Amma nous donne tout ce qu'il faut pour mener une vie riche et gratifiante. Rien d'autre n'est nécessaire pour atteindre le but. Nous avons un maître parfait, une bibliothèque de livres d'enseignements sur la spiritualité, et des bhajans pour ceux qui souhaitent ressentir la béatitude au travers de la dévotion. Amma nous offre la possibilité de recevoir régulièrement l'étreinte d'un maître parfait, et des occasions innombrables de servir autrui ; *tout* est disponible avec Amma. Ceux qui ne quittent jamais Amma sont extrêmement gâtés, vraiment. Il suffit de faire quelques efforts et sa grâce coulera vers nous comme une rivière.

Comme nous le dit Kahlil Gibran, « Le travail, c'est l'amour qui devient visible ». L'amour pour Amma confère une force incroyable à ses dévots : travailler jour et nuit pour répondre aux besoins du moment, c'est pour eux du quotidien.

L'amour visible des enfants d'Amma prend des formes très différentes : faire un travail physique lors des interventions durant des catastrophes naturelles, rester assis devant l'ordinateur des heures durant, planifier et organiser les nombreux projets et programmes caritatifs d'Amma, ou tout simplement plier et passer les exemplaires du magazine *Matruvani* pour qu'ils soient prêts et postés à temps.

Amma dit qu'il est préférable de s'user à œuvrer pour le bien du monde que de se laisser rouiller. Elle insuffle le désir de servir le monde à des millions de personnes.

Quand Amma était enfant, sa mère encourageait la jeune Sudhamani à prier Dieu constamment pour qu'Il lui donne du travail. Amma priait plutôt ainsi : « S'il Te plaît, mon Dieu, donne-moi toujours *Ton* travail ». La grâce de Dieu se répand toujours sur ceux qui sont prêts à aider les autres.

La mère d'Amma travaillait toujours très dur et elle éduqua ses enfants à faire de même. Quand Amma était jeune, même si elle était complètement épuisée, Damayanti Amma lui disait de ne jamais le montrer. Il lui fallait maintenir en permanence une attitude positive et être heureuse d'accepter plus de travail. La mère d'Amma ne demandait jamais à personne de faire quelque chose pour elle. Elle était parfaitement autonome et faisait tout elle-même.

Damayanti Amma se levait tous les jours à trois heures, et elle continua ainsi toute sa vie. Une fois levée, elle effectuait les tâches domestiques et récitait les mantras traditionnels et les prières pendant trois ou quatre heures, jusqu'au lever du soleil.

Dès que le soleil était levé, elle sortait de la maison et se prosternait. Elle avait pour règle que la cour devait avoir été balayée avant le lever du soleil car, pensait-elle, on ne doit jamais sortir le balai devant Dieu. Elle connaissait la valeur du dur labeur et la sagesse des anciennes traditions, principes qu'elle transmit à ses enfants.

Le dévouement au travail dont Amma faisait preuve enfant a souvent exaspéré ses sœurs. Elle ne les laissait jamais dormir tard le matin, mais elle les obligeait à se lever à quatre heures du matin, à allumer la lampe, à prendre leur douche et à se mettre au travail. Elles étaient furieuses qu'elle les fasse lever si tôt. Quand les voisins se réveillaient, la famille d'Amma avait déjà terminé les travaux domestiques et tout le monde était prêt à partir.

Les voisins faisaient l'éloge de la famille Idamannel et la citaient en exemple aux leurs. « As-tu vu, disaient-ils, comme ils se lèvent tôt pour faire le ménage ? » Leur voisin direct, un homme âgé se réveillait toujours tôt pour prendre sa douche, alors que son épouse et ses enfants dormaient confortablement. Il se disputait avec eux en les comparant aux voisins Idamannel : « Regardez les gens d'à côté, comme ils sont disciplinés ! »

L'après-midi, les filles coupaient l'herbe pour les vaches. Cela ne n'a jamais dérangé Amma, mais ses sœurs n'aimaient pas bêcher ou laver l'herbe, parce que cela leur salissait les mains, alors elles se disputaient pour faire le minimum de corvées salissantes.

Aujourd'hui encore, elles souviennent très bien avec quelle rapidité Amma travaillait. Elle prenait soin des vaches, coupait l'herbe et accomplissait les tâches ménagères si rapidement qu'il leur était impossible de la suivre. En plus de tout son travail, Amma était attentive aux besoins de sa famille et se réservait du temps pour la dévotion ainsi que la méditation.

Lorsque nous consacrons notre temps et notre énergie au service, nous constatons que nous sommes capables d'accomplir des choses incroyables. C'est l'expérience de nombreux dévots. Plus nous travaillons pour servir les autres, plus la grâce et la joie illuminent notre vie.

Un sondage mené pour savoir si les gens quitteraient leur travail au cas où ils gagneraient à la loterie, donna des résultats surprenants : presque tous les interrogés déclaraient qu'ils seraient plus heureux en continuant à travailler. La plupart des gens aiment travailler. Bien que ce soit parfois difficile, ils savent qu'ils doivent travailler, non pas uniquement pour gagner de l'argent mais aussi pour conserver une certaine paix. La paix que nous apporte le service désintéressé est unique. Il s'agit d'une paix particulièrement profonde, souvent difficile à exprimer avec des mots.

J'ai entendu un jour l'histoire très émouvante d'une femme héroïque qui accomplissait son travail comme un pur service. Dès l'enfance elle voulait être enseignante et une fois adulte, elle aida d'innombrables élèves en difficulté à cheminer avec succès dans le système scolaire. Mais elle fut soudainement frappée par la maladie de

Lou Gehrig, qui ne laisse généralement que cinq années à vivre.

Quand on lui annonça le diagnostic, elle écrivit un mail à ses collègues et aux familles de ses élèves. Elle leur disait qu'elle avait cette toute dernière leçon à leur enseigner : la mort fait naturellement partie de la vie. Elle demanda à poursuivre son travail, communiquant par ordinateur quand elle eut perdu la voix. Elle ne souhaita pas rester se reposer chez elle comme la plupart auraient choisi de le faire. Elle préféra gérer les bibliothèques de deux écoles primaires. C'est à l'unanimité qu'elle fut nommée par ses collègues « Institutrice de l'Année ».

Le service désintéressé est le moyen le plus facile d'oublier notre identité illusoire. Il nous aide à découvrir le Divin aussi bien en nous qu'en autrui. C'est la voie la plus belle et la plus facile à suivre. La clé pour connaître la joie et la paix est si simple : fais de ton mieux pour faire le bien, aussi modeste que soit ton action.

Chapitre 12

Vaincre le chagrin

« Les paroles de bonté sont parfois brèves et faciles à prononcer, mais leur écho n'a pas de fin. »

Mère Teresa

Amma nous procure l'occasion rêvée d'acquérir du bon karma en nous offrant des possibilités variées, innombrables, de servir bénévolement. Travailler dur pour une bonne cause, avec une juste compréhension, voilà qui fait jaillir en nous un magnifique torrent de joie. Le seva est vraiment l'une des pratiques spirituelles les plus gratifiantes qui soient.

Dans les rares occasions où Amma reste dans sa chambre sans donner le darshan de la journée, elle refuse de se nourrir. Selon elle, nous devrions effectuer chaque jour au moins un petit travail qui justifie la nourriture que nous mangeons, puis un peu de seva supplémentaire pour aider ceux qui sont dans le besoin. Amma le dit très clairement : si nous désirons progresser, il est impossible d'éviter la nécessité de travailler dur.

Agissons de manière désintéressée, sans quoi nous sombrerons dans l'égoïsme et la paresse. Auprès d'Amma, même les handicapés physiques font tout le temps du seva. Entre autres choses, ils accueillent les nouveaux venus, vérifient les bracelets, assurent la surveillance. Le service désintéressé n'est pas forcément un travail physique. Faire l'offrande de nos prières pour les autres, c'est aussi du seva, puisque nous ne pensons pas alors à nos propres besoins.

Autour d'Amma, il est presque impossible d'éviter de faire du seva, surtout en la voyant travailler autant. Mieux vaut lâcher prise avec humilité, dans une attitude d'abandon de soi-même, et prendre la résolution de travailler dans le meilleur état d'esprit dont nous sommes capables. C'est pour notre bien, car nos actions et nos comportements nous suivrons comme une ombre partout où nous irons, jusque dans le futur.

Il est impossible d'échapper au karma hérité du passé : il portera inéluctablement ses fruits.

Mais si nous sommes disposés à aider autrui quand c'est nécessaire, nous couperons beaucoup des chaînes karmiques qui nous entravent. Nous n'aurons peut-être pas toujours l'attitude parfaite car après tout, il est parfois difficile de rester joyeux lorsque l'on enfonce jusqu'au genou dans la bouse de vache pour la ramasser à la pelle, sous la chaleur et la menace du déferlement d'un océan de transpiration. Mais soyez assurés qu'un gros crédit sera placé sur le compte en banque de votre karma. Dès que nous faisons une action utile parce que nous savons que c'est juste (même si en fait nous n'en avons pas envie), un torrent de grâce se répand sur nous.

Il est souvent difficile de se forcer à accomplir une tâche nécessaire. Il vaut donc mieux sauter le pas, sans perdre de temps à se demander si on en a envie ou non, et décider de faire l'action juste avant que le mental nous en dissuade. Nous avons beaucoup de chance lorsque nous avons l'occasion de servir autrui ; le seva est vraiment l'une des pratiques spirituelles les plus douces.

Le mental est toujours en train de s'agiter et enclin à nous tirer vers le bas. Assumer la responsabilité du seva, c'est canaliser notre énergie vers quelque chose de bénéfique. Cela nous élève et empêche le mental de diriger notre énergie vers le bas, vers nos tendances négatives. Si vous êtes déprimé et tentez de méditer seul, des pensées perturbatrices surgiront, cela ne fait aucun doute. Lorsque nous avons des ennuis, dit Amma, le mieux est au contraire de rester occupé.

Ceux qui souffrent de troubles psychologiques ou ont des tendances dépressives ne devraient pas rester inactifs, car cela lâche la bride à leur esprit incontrôlé. Le mental tournera encore plus frénétiquement, bien décidé à engendrer encore plus de souffrance. Encourageons-les au contraire à faire quelque chose d'intéressant, peu importe quoi.

Notre but devrait être de dompter le mental agité, de lui offrir un objet de concentration utile et profitable, quelque chose de moins destructeur que ce qu'il choisirait spontanément. Le seva est bénéfique parce qu'il nous fait transcender notre petit monde isolé et égoïste afin de rendre service aux autres.

Un dévot qui était venu travailler pour Amma en Inde fut envoyé à Bombay pour y faire son seva. Quelques mois plus tard, dans le train qui le ramenait à Amritapuri, il se sentit un peu triste et délaissé. « Peut-être qu'Amma m'a oublié » pensait-il en lui-même. A ce moment précis, il reçut un message d'un ami qui lui disait qu'Amma venait de parler de lui et de faire son éloge.

Amma est toujours avec nous, elle guide chacune de nos pensées et de nos actions. Elle nous rappelle qu'elle observe constamment chacun de ses enfants avec attention. Amma est la voix intérieure silencieuse qui nous murmure des paroles de sagesse pour nous éviter de souffrir en nous égarant. Elle nous parle d'une voix si subtile et si douce que nous ne l'entendons peut-être pas toujours car l'attraction, la répulsion et l'égoïsme créent dans notre mental un brouillage affreusement dense. Mais ne doutons jamais de sa présence intérieure.

Comme Amma nous le rappelle : « L'amour pur efface toutes les distances. »

A Brisbane en Australie, alors que le programme était terminé et qu'Amma se dirigeait vers la sortie, elle remarqua un homme qui se tenait en retrait de la rangée de personnes qui faisaient la haie pour lui dire au revoir. Elle lui demanda s'il avait reçu du *prasad* et moi, s'il avait eu le darshan. « Non, je suis juste un chauffeur bénévole », dit-il. Amma lui embrassa tendrement la main.

Même s'il s'agit d'une seule personne au milieu de la foule, d'un seul visage dans un océan humain, Amma sait qui elle n'a pas étreint. Parfois, le dernier jour, en quittant une ville où elle a vu des milliers de gens, Amma repère au milieu de la foule qu'elle traverse quelqu'un qui n'est pas venu au darshan. Peut-être qu'il n'a pas pu avoir de ticket, qu'il a trouvé qu'il y avait trop de monde, ou encore qu'il sait qu'Amma souffre dans son corps lorsqu'elle donne le darshan pendant de longues heures.

Amma sait qui, parmi ses enfants, n'a pas reçu le darshan, et bien souvent, elle les prend dans ses bras sur le chemin de la sortie. Quant à ceux qui choisissent de ne pas aller au darshan pour lui éviter de recevoir une personne de plus, Amma leur témoigne toujours d'une manière ou d'une autre de la reconnaissance pour leur sacrifice. Elle est toujours consciente de tous et de tout ce qui l'entoure. Elle nous inonde de sa grâce.

Nous avons vécu tant de vies ! Nous avons tout fait. Nous avons été homme, femme, marié, célibataire. Nous avons reçu tant de bienfaits, en abondance ! C'est maintenant l'heure d'aller vers les autres et d'offrir quelque chose en retour.

A un certain moment de notre évolution, il faut s'efforcer de progresser le plus possible et de rendre avec joie quelques-unes des innombrables bénédictions que nous avons reçues. Si nous en sommes capables, les bénédictions ne feront que se multiplier.

Voici l'histoire racontée par un dévot :

« Au sein d'*Embracing The World*, nous avons lancé un seva appelé « Les mains d'Amma ». Le corps physique d'Amma ne peut se trouver qu'à un endroit à la fois, alors les dévots d'Amma sont ses mains dans le monde. Ils sont souvent très désireux d'aider et de servir et sont profondément inspirés quand ils la voient, mais une fois repris par leur vie quotidienne, peu de gens parviennent à poursuivre dans la lancée. « Les mains d'Amma » tente d'y remédier.

Nous allons dans des foyers d'accueil et travaillons avec des personnes en fin de vie. Elles sont toutes en fauteuil roulant et ont besoin d'aide pour les gestes les plus quotidiens. Elles ne peuvent pas manger seules et sont complètement esseulées. Elles luttent contre la maladie, la peur, et elles n'ont pas de famille pour les réconforter parce qu'il est trop difficile pour leurs proches de les voir dans un tel état.

Nous allons dans les foyers pour leur faire des séances de soin thérapeutique. Nous leur apportons également des objets comme des châles de prière et leur offrons des massages. Une femme leur met du vernis à ongle pour qu'ils se sentent aimés et pris en compte. Nous leur faisons la lecture et chantons avec eux. On essaie simplement d'être présents. Etre présent, c'est le plus beau des cadeaux.

Ce seva apporte un énorme changement dans leur vie. Ils recommencent à sourire et nous demandent toujours quand nous reviendrons. Nos visites leur apportent de l'espoir. Ils nous tendent les bras, nous prennent le visage dans leurs mains et nous embrassent en nous disant « merci », au bord des larmes.

Nous offrons aussi des massages aux membres du personnel soignant, parce que cet environnement est très éprouvant pour eux aussi. Mon but est d'intégrer autant d'enfants d'Amma que possible. Le message d'Amma, c'est d'aider en tout premier lieu ceux qui sont dans le besoin.

Je désire motiver autant de dévots que possible à s'investir. Pour l'instant, « Les mains d'Amma » n'existe qu'à Boston, et nous nous développons aussi en Europe. Nous sommes *vraiment* les mains d'Amma. Il s'agit pour nous d'être dans le monde et de la servir. Le but, c'est d'être avec les gens comme elle le serait avec eux, avec autant d'amour, de compassion et de dévouement que possible, comme si nous étions les propres mains d'Amma servant chacun d'eux ».

Notre conception de la spiritualité est souvent erronée. On entend dire parfois : « Oh, je ne suis pas spirituel, j'essaie seulement d'être une bonne personne. » Certains, par contre, se croient profondément spirituels alors que ceux qui les connaissent les trouvent tout simplement méchants. La bienveillance est la manifestation de la spiritualité dans son sens ultime. Efforçons-nous d'être gentils. Ce n'est vraiment pas si difficile.

Celui qui est prêt à offrir un sourire sincère à tous atteint rapidement les sommets de la spiritualité. Ceux qui sont prêts à aider n'importe qui, quels que soient ses besoins, savent que le service d'autrui est la spiritualité authentique.

Toutes les pratiques spirituelles ont pour objectif d'ouvrir notre conscience pour que nous puissions nous concentrer, vivre dans le moment présent et, comme Amma, laisser l'amour couler où que nous allions. Ne pensez pas qu'il soit nécessaire de souffrir. Le service désintéressé nous mènera à notre demeure : la liberté et la béatitude réelles.

Chapitre 13

La joie de servir

« En aidant ceux qui en ont besoin, votre égoïsme s'évanouira et, sans même vous en rendre compte, vous trouverez la plénitude. »

Amma

La grâce viendra lorsque nous accomplirons de bonnes actions de façon désintéressée. Si nous sommes déterminés à faire le bien, nous découvrirons la formule magique pour bénéficier de la grâce du guru, même si nous ne sommes pas proches de la forme physique du Maître.

Il y a quelques années, alors que nous étions à Palakkad avec Amma, il faisait une chaleur hors du commun. Il fait toujours chaud dans le sud de l'Inde, mais cette année-là, la chaleur et l'humidité étaient au-delà du supportable. Nous en souffrions tous. Je travaillais dans ma chambre pendant qu'Amma donnait le darshan, faisant de mon mieux pour survivre à la chaleur, quand quelqu'un est venu me dire : « Viens nous aider à couper les légumes, cela te fera du bien de changer de seva ! »

« Eh bien, merci. Superbe idée, ai-je pensé. Cela va illuminer ma journée de sortir dans la canicule, en plein soleil de midi pour couper des légumes. » Mais je me suis ressaisie et j'ai pensé qu'après tout, c'était peut-être une bonne idée ; j'ai accepté de considérer cette invitation comme un message du Bien-Aimé qui voulait m'enseigner quelque chose.

Quand nous sommes en tour, je reste généralement dans ma chambre et je travaille sur mes livres ou sur d'autres projets de seva que j'ai apportés. Couper les légumes était donc un seva complètement différent. Je m'y étais certes consacrée il y a trente ans, lors de mon arrivée à l'ashram, mais plus maintenant. Je suis sortie, j'ai descendu la rue jusqu'au semblant de tente qui abritait ce seva, et je me suis assise dans la chaleur pour couper des légumes avec quelques autres personnes.

Cette expérience m'a vraiment marquée. J'avais oublié que couper les légumes pouvait être si amusant, même si ce jour-là, il s'agissait de choux. Il faut couper énormément de choux pour nourrir tout le monde. On ne fait que couper, pendant des heures et des heures, interminablement.

Il y avait sept énormes récipients remplis de choux, mais nous avions beau couper, ils ne désemplissaient qu'à moitié. Je suis sûre qu'Amma jouait avec nous et faisait apparaître de plus en plus de choux à couper ! Mais le plus drôle, c'est qu'en dépit de la chaleur et de ces choux qui n'en finissaient pas, la coupe des légumes nous comblait de bonheur.

Tout le monde était heureux. Il était réjouissant de voir comment chacun se débrouillait, et d'observer l'abandon de soi et la joie de ceux qui faisaient ce seva. Je fus transportée de bonheur rien qu'à les regarder.

Une petite fille de trois ans découvrait la joie du service désintéressé. Elle récupérait les assiettes de choux auprès de tout le monde et en versait le contenu dans un grand récipient. Elle bouillonnait d'enthousiasme en faisant ce qui, pour elle, était un jeu des plus amusants. Cela faisait chaud au cœur d'assister à sa découverte de la beauté du service.

Un garçon travaillait une chanson qu'il avait écrite pour Amma. A dire vrai, c'était plutôt épouvantable. La façon dont il exprimait tout son cœur dans le chant et s'exerçait dans cette étouffante chaleur avait pourtant du charme. Il n'était pas timide le moins du monde et chantait avec grand enthousiasme et une belle innocence. Je savais qu'Amma aimerait cela.

Un homme d'un certain âge qui parlait à peine l'anglais partait le lendemain. Je pensai en moi-même qu'il était magnifique de sa part de sacrifier ses derniers moments auprès d'Amma pour faire ce seva et couper ces légumes. Comme il ne pouvait pas trop parler, il restait tranquillement dans son coin à couper, alors qu'il aurait pu être devant Amma et la regarder.

Mais soudain, il se coupa le doigt. Il sortit se faire soigner et se faire mettre un pansement. J'étais triste qu'il se soit blessé et je m'attendais à ne plus le revoir. Mais il revint continuer le seva, un gros pansement sur le doigt pour couvrir la blessure. J'étais impressionnée par la sincérité de tous ces gens.

Un adolescent également présent déclara qu'il fallait allumer les haut-parleurs car de l'endroit où nous étions, nous n'entendions pas la musique du programme. Il ajouta à voix basse qu'il préférait entendre les *swamis* chanter plutôt que l'entraînement du petit garçon. Il s'excusa, disant qu'il allait brancher le boîtier du haut-parleur. Je supposai qu'il cherchait à échapper à ces interminables choux.

« Nous ne reverrons plus ce gamin, pensai-je. Quelle bonne excuse pour se tirer de là. Au revoir, cher ado, on ne te reverra pas ! » Comment attendre d'un adolescent qu'il reste assis dans la chaleur à couper des choux ?

Vingt minutes plus tard, il était de retour et nous avions de la musique. J'étais stupéfaite, une fois de plus. Avant que je m'en aperçoive, il était joyeusement revenu faire son seva, mais pas tout seul. Il avait amené ses deux parents avec lui. Il est habituel de voir des familles dysfonctionnelles en Occident mais là, il s'agissait d'une famille authentiquement « fonctionnelle ». Ils semblaient contents d'être ensemble, de travailler, de couper ces inépuisables seaux de choux.

Toutes ces personnes avaient assimilé l'attitude juste, qui consiste à être désintéressé et à s'abandonner. Elles étaient capables de transformer une journée caniculaire en un jour où soufflait la fraîche brise de la grâce du guru.

Il est rare de voir des groupes accomplir leur devoir avec joie, dévouement et lâcher-prise, mais nous en trouvons partout des exemples autour d'Amma, particulièrement dans les innombrables projets caritatifs menés en son nom.

Beaucoup sont ravis de faire les sevas les moins prestigieux, comme par exemple l'entretien des toilettes ou le ramassage des ordures. Bien qu'ils soient loin du corps d'Amma, ils sont souvent bien plus heureux que ceux qui passent des heures auprès d'elle et se contentent de la regarder.

Il en est aussi qui ne font du seva qu'en présence d'Amma, pour qu'elle les voie travailler, mais ce ne sont généralement pas les plus heureux par ailleurs. Il est frappant de voir combien de gens se mettent à travailler à l'arrivée d'Amma. Ils s'emparent d'un balai ou d'un autre objet qu'ils n'ont jamais touché auparavant. C'est comme s'ils pensaient : « Amma est là ! Vite, tout le monde, ayons l'air occupés ». Mais voir des gens faire du seva avec joie, loin d'Amma et sans aucune attente, c'est bien une des scènes les plus magnifiques que l'on puisse contempler.

Amma n'est pas limitée à son corps physique. Elle connaît notre état d'esprit où que nous nous trouvions. Lorsque nous agissons de façon désintéressée, il ne fait aucun doute que sa grâce se répand sur nous où que nous soyons. Le service désintéressé est vraiment la forme la plus profonde de dévotion et de méditation en mouvement.

Quand nous accomplissons des actes nobles, notre vie est bénie, qu'Amma nous voie physiquement ou non. Il est inutile de faire du seva auprès d'elle pour recevoir sa grâce. Comme la limaille de fer est attirée par un aimant, la grâce nous trouve quand nous accomplissons de bonnes actions, conformément au plan cosmique.

C'est l'abnégation qui nous apporte la joie, et non la satisfaction des désirs égoïstes. Tout le monde sait que les plus grandes joies que la vie nous offre sont gratuites : regarder un coucher de soleil, aider quelqu'un dans le besoin, voir le visage d'un enfant qui sourit, obtenir un regard d'Amma, ou faire du service désintéressé. Ces choses toutes simples nous apportent une joie authentique. Si nous nous contentons de satisfaire nos désirs, il en surgira de nouveaux. Les désirs sont sans fin. Mais lorsque nous essayons de dissoudre nos désirs personnels dans l'océan du seva, nous découvrons une paix intérieure sans égale.

Quelle bénédiction de vivre dans la belle atmosphère qu'Amma crée pour nous, partout où elle va. Tant de personnes autour d'elle servent les autres sans attendre de récompense ! Nulle part au monde vous ne trouverez une paix aussi profonde, vous ne verrez vivre ensemble des gens si différents, sinon autour d'Amma.

Tout réussit extrêmement bien dans l'organisation d'Amma parce que la grâce et l'oubli de soi sont le fondement de la création et de la croissance de tout ce qui s'y rapporte. L'ashram d'Amma en Inde est un lieu particulièrement fort parce que le lieu de naissance d'un saint possède une énergie extrêmement puissante et purifiante.

Il y a plusieurs décennies, lorsque nous construisions l'ashram, nous ne disposions pas d'une seule brouette, nous n'avions pas de machine, mais cela ne nous a pas empêchés d'ériger le temple et les autres bâtiments. La cloche sonnait durant la journée pour nous appeler à faire du seva et non à suivre des classes sur les Ecritures.

Nous transportions le sable dans des bols à ciment métalliques en forme de soucoupe que nous nous lancions en faisant la chaîne. Nous portions des pierres et des briques sur la tête. Amma était toujours avec nous, travaillant à nos côtés, nous encourageant et donnant de l'impulsion à notre travail.

Nous étions tous très heureux de faire ces travaux de construction, même quand nos mains étaient devenues rêches et brûlantes, et que la peau commençait à peler avec le ciment. Il y avait parfois une compétition à qui aurait les mains les plus abîmées. La peau revenait lentement, mais nos esprits s'élevaient comme des flèches.

J'ai aujourd'hui les mains très douces, et cela m'attriste. Rares sont ceux qui, à cette époque, ont eu la chance inouïe de faire autant de sevas intenses en présence physique d'Amma. Ces jours étaient vraiment précieux. Mais aujourd'hui encore, elle crée de temps à autres des occasions similaires de servir ensemble. Le dur labeur peut vraiment être bénéfique. Il est important de garder le corps, l'esprit et les pensées en bonne santé en travaillant dur pour une bonne cause.

Nous agissons en permanence, même si nous ne faisons que penser. Nos pensées tournent constamment en rond, inquiètes pour une raison ou pour une autre : ce qu'il y a à faire, ce qu'on dit à notre sujet, comment nous allons gagner notre vie, et ainsi de suite. Le mental ne cesse de tourbillonner et d'engendrer toutes sortes de problèmes.

Les grands maîtres spirituels de l'Inde enseignent depuis toujours que pour canaliser le mental dans une bonne direction, il est nécessaire de le maîtriser par des pratiques spirituelles. Si nous dédions toute notre énergie, chaque pensée, chaque parole et chaque action au Divin, comme une offrande, il se produira un nettoyage et une purification de notre être intérieur.

Utilisons donc pleinement l'énergie et les bénédictions que nous avons reçues, transformons-les en cadeaux qui profitent à l'humanité entière.

Chapitre 14

Une compassion débordante

« Le meilleur moyen de se trouver est de se perdre dans le service d'autrui. »

Mahatma Gandhi

En voyant tout ce qu'Amma donne au monde, faisons notre examen de conscience et interrogeons-nous : « J'ai tant reçu. Qu'est-ce que je redonne au monde ? » Nous avons peut-être eu de nombreux darshans au fil des ans, mais avons-nous réellement changé ? Nous sommes nous imprégnés de l'amour d'Amma et l'avons-nous transmis aux autres ?

Avons-nous profondément assimilé les enseignements d'Amma ? Pouvons-nous honnêtement déclarer que nous avons fait l'effort d'utiliser ce qu'Amma nous offre et pour quoi elle a travaillé si dur ? Probablement pas, mais Amma ne juge jamais personne. Elle donne constamment le maximum absolu, sans jamais rien demander en retour.

Elle sait que nous récolterons exactement les conséquences karmiques que nous méritons, en fonction de la manière dont nous aurons vécu. C'est pourquoi elle nous presse constamment d'aller toujours plus loin et de progresser. Avec nous, elle travaille sur un plan à long terme. Nous ne méritons rien de ce qu'elle nous offre avec abnégation, mais cela ne l'empêche pas de continuer à donner beaucoup plus que ce que nous sommes en mesure de comprendre.

Amma ne cesse de donner, de donner et de donner encore, où qu'elle soit, peu importe à qui. Elle ne peut pas s'en empêcher. Sa nature est de déborder de compassion. Quant à nous, réfléchissons à la manière dont *notre* nature s'exprime.

Nous recevons tant ! Et malgré cela, nous demandons encore davantage. Mais, dans les faits, combien payons-nous en retour, combien partageons-nous avec les autres ? On ne peut pas garder l'amour d'Amma pour soi. Il est impossible d'amasser en cachette de l'amour en se disant : « L'amour que j'obtiens d'Amma est pour moi seul ». Si on se contente de vivre dans un vague souvenir de l'amour, on se retrouve dans un lieu très solitaire.

Lorsque nous partagerons notre amour avec les autres, alors l'essence de notre cœur fleurira et grandira. L'amour deviendra une force de vie débordante, qui diffusera dans le monde un parfum exquis.

Un jour, alors qu'elle venait de terminer le darshan, Amma m'a dit : « J'ai failli m'évanouir trois fois durant le darshan ». Les gens ne se rendent pas compte. Chacun est exclusivement centré sur ce qu'il peut obtenir d'elle. Personne ne pense à quel point il est difficile pour le corps d'Amma de continuer ainsi jour après jour.

Ce jour-là, après le darshan public, Amma est montée dans le camping-car et nous sommes allés chez des dévots, faire des *pujas*. Il était quatorze heures, et Amma venait de terminer un darshan qui avait duré la nuit et le jour. Elle avait commencé le programme à dix-neuf heures la veille et avait terminé dix-sept heures

plus tard. Nous pensions tous la même chose :
« Comment est-ce possible ? »

A peine était-elle entrée dans le véhicule à
l'issue du darshan, qu'Amma était fraîche, prête
à sortir à nouveau et à donner davantage. Plusieurs dévots l'avaient invitée dans leur maison
et lui avaient demandé d'y faire une puja. Elle
refusa de se reposer avant de s'y rendre. « Amma,
tu n'es même pas allée aux toilettes ! » lui ai-je
dit. « Oh, cela n'a pas d'importance, m'a-t-elle
répondu.

Et tout ceci n'était *pas encore assez* pour
Amma. Elle voulait donner plus encore.

Il est impossible de comprendre l'état
de conscience élevé dans lequel est établi un
mahatma comme Amma. Elle donne inlassablement, mais quoi qu'elle fasse, elle déborde
toujours d'amour. En fait, elle semble rayonner
avec encore plus d'éclat à la fin du darshan
qu'au début. Son sari a beau être taché par le
maquillage et les larmes de ceux qu'elle a pris
dans ses bras, ses cheveux ont beau être un peu
en désordre, elle n'en est pas moins lumineuse
quand le darshan touche à sa fin. Il suffit de

jeter un coup d'œil sur son visage pour voir à quel point donner de l'amour la comble de joie.

Le jour du darshan de dix-sept heures, nous avions terminé la visite des maisons et étions déjà dans la voiture quand quelqu'un glissa par la fenêtre de la voiture, avec tout son cœur, un cadeau pour Amma. C'était un pot de *prasad* fait maison. J'avais ce gros bol de prasad sur les genoux, ne sachant où le mettre parmi tout ce que j'avais à mes pieds.

Quand j'ai soulevé le couvercle, Amma a vu ce qu'il y avait à l'intérieur : des cacahuètes bouillies, très grasses et mélangées avec de la noix de coco. Le bol était conséquent, et il y avait une cuillère à l'intérieur. Amma désirait offrir quelque chose aux personnes qui se trouvaient à côté de la voiture et profita de l'occasion : « Oh ! Je peux donner du prasad ! »

Il ne lui suffisait pas d'avoir donné le darshan durant dix-sept heures, et de s'être rendue ensuite dans plusieurs maisons. Pour être satisfaite, il fallait encore qu'elle donne du prasad à tout le monde.

Je lui ai offert la cuillère mais au lieu de s'en servir, elle a puisé directement dans le bol et par la fenêtre, a tendu sa main pleine de cacahuètes aux dévots. Elles ont volé dans toutes les directions, et ce n'étaient pas de petites cacahuètes sèches.

Elles étaient bien graisseuses, couvertes d'huile de noix de coco, et le coco collait partout. « Mon Dieu, me suis-je dit en regardant l'intérieur de la voiture, que vont penser les gens quand nous allons arriver et qu'il va falloir nettoyer ! »

Les cacahuètes volaient et Amma les distribuait par la fenêtre de la voiture en marche. Elle ne pouvait pas se contrôler, sa seule pensée était de continuer à donner.

Quand nous sommes arrivés sur la route, les gens sont sortis de leur maison et ont couru vers la voiture. « Assez Amma, en voilà assez, ai-je pensé alors, tu as assez donné. Tu n'as pas besoin de distribuer du prasad à toutes les personnes qui courent sur la route ! ». Mais c'était ce qu'elle voulait, et elle a continué pendant que nous roulions. Ses mains chargées de cacahuètes passaient par la fenêtre de la voiture et tous étaient ravis.

Amma rayonnait de joie et assise à ses côtés, je lui disais : « Amma, il y a des cacahuètes partout ! » Il y en avait sur Amma, sur moi et dans tout l'arrière de la voiture. Elle a bien dû en distribuer soixante poignées par la fenêtre.

Enfin, nous avons fini par fermer les fenêtres. Nous étions couvertes de la tête aux pieds de cacahuètes et de morceaux de noix de coco. « Oui, elles sont très huileuses, » m'a dit Amma. Puis elle a décidé que nous devions tous avoir du prasad, nous aussi ! Elle a pris une autre poignée et en a donné à Swamiji, au chauffeur, et à moi.

Maintenant, les cacahuètes n'étaient plus seulement à l'arrière de la voiture, il y en avait aussi à l'avant. Nous étions joyeusement assis dans ce petit verger de cacahuètes. Il y en avait vraiment partout.

Amma était suprêmement heureuse d'avoir donné en abondance, presque jusqu'à la dernière cacahuète. Elle rayonnait encore davantage. A ce moment-là, le caractère surhumain du comportement d'Amma était d'une évidence éclatante. Nous restons confinés dans les limites notre humanité, mais Amma, elle, s'est propulsée bien au-delà de la force de gravité.

Quand nous oublions nos propres besoins, l'univers avec toute sa force cosmique se répand en nous, pour nous redonner force et vigueur. Nul n'a jamais incarné cette vérité autant qu'Amma.

A la fin des darshans, je ne souhaite qu'une chose : aller dans ma chambre, fermer la porte, boire et m'allonger pour me reposer enfin. Ce n'est pas le cas d'Amma. Il s'écoule de longues heures avant qu'elle se détende. Elle lit des lettres de dévots, prépare ses prochains satsangs, passe des coups de téléphone pour donner des conseils, et s'assure que tout le monde (y compris les chiens) a mangé. Ensuite seulement, elle prend son unique repas de la journée. Voilà sa vie.

Méditons sur son exemple et réfléchissons-y profondément. Le service accompli avec l'attitude juste a le pouvoir de nous purifier. Amma le garantit. Profitons-nous au maximum de notre précieuse vie ? Nous sommes incroyablement bénis d'avoir la chance de faire du seva et de servir les autres.

Faisons-nous bon usage des joyaux que la vie nous offre ? Nous avons une dette énorme envers l'univers entier et il nous faudra un jour la payer. Pourquoi ne pas commencer tout de suite ?

Une dévote septuagénaire travaille de longues heures à la boulangerie, mais elle est très heureuse de faire ce seva. Elle dit qu'elle a pris des muscles grâce à cela. Elle touille la nourriture dans les gros récipients dans un sens, puis dans l'autre, pendant des heures, et grâce à ce travail physique, elle est plus en forme et plus forte que jamais.

J'ai un jour entendu Amma dire : « Je préférerais me prosterner devant quelqu'un qui mène une vie ordinaire que devant un chercheur spirituel paresseux. » Quelqu'un qui dans le monde travaille dur et honnêtement, dans un bon esprit, est de loin bien plus spirituel qu'une personne paresseuse qui se met de la cendre sacrée sur le front, et qui affiche faussement une vie consacrée à la spiritualité.

Vous n'avez même pas besoin de croire en Dieu si vous travaillez dur au service des autres. Beaucoup d'athées ont des métiers de service, ils aident les autres et servent le monde avec une belle attitude. Ce dévouement amorce un processus de purification dans leur vie, qu'ils s'en rendent compte ou pas.

Peu importe combien de mantras nous récitons ou combien d'heures nous passons assis à méditer en lotus, les pensées continuent à tourner autour de « moi, moi-même et je. Ce que je veux et ce dont j'ai besoin ». Il s'agit de développer une attitude inspirée par le sens du service afin de sortir de l'orbite de notre égoïsme.

Amma ne nous y forcera pas. Le désir de changer doit venir de l'intérieur. Elle comprend la vraie nature des gens et du monde et n'attend rien de personne ni de quoi que ce soit d'extérieur. Cela ne veut pas dire qu'elle soit dépourvue de sentiments à notre égard, bien au contraire. Amma nous aime plus profondément que nous ne pouvons l'imaginer.

Chapitre 15

Un amour indéfectible

« Savez-vous pourquoi il est si difficile d'être heureux ? C'est parce que nous refusons de lâcher les choses qui nous rendent tristes »

Lupytha Hermin

L'amour et le service sont les plus hautes formes de *sadhana* (pratiques spirituelles) auxquelles on peut aspirer. Seule la pratique du détachement permet toutefois de les vivre dans leur plénitude.

Certes, il faut aimer les gens et utiliser les objets matériels, nous le savons bien. Mais notre tendance est au contraire d'aimer les objets de tout notre cœur et de nous y accrocher, tandis que nous utilisons les gens à notre profit, pour les rejeter quand ils nous sont devenus inutiles. C'est grâce à son sens aigu du détachement qu'Amma peut nous aimer si profondément et de manière inconditionnelle.

Etre détaché ne signifie pas rester à l'écart, indifférent. Lorsque l'on est dans un détachement authentique, une plénitude totale s'installe en nous. Elle survient parce que comprenons la véritable nature des choses et des gens ; nous savons qu'ils ne peuvent pas nous donner un bonheur durable.

Amma nous offre chaque jour un exemple parfait : comment vivre dans le monde en se branchant sur l'émotion appropriée à chaque situation. Elle met tout son cœur dans la moindre interaction avec ceux qu'elle rencontre, ouvrant profondément son cœur à la joie, à la douleur ou au chagrin de chacun. Cependant, Amma n'est jamais attachée ou bouleversée par quoi ou qui que ce soit.

Elle accepte et pardonne l'état instable de notre mental. Amma ne ressent que de l'empathie pour tous ceux qui viennent la voir et pourtant, nul ne peut la faire descendre de son état d'être centré et tranquille.

Nous avons pour la plupart l'habitude de considérer les choses négativement, à un moment ou à un autre, mais Amma ne se laisse jamais prendre au piège de la négativité, sous quelque forme que ce soit. Contrairement à nous, elle demeure détachée et laisse simplement les émotions la traverser.

Il nous arrive parfois de vivre dans un monde imaginaire que nous créons. Nous façonnons des chimères, un monde à notre idée, nous alimentons les fantasmes de nos espoirs et de nos rêves, mais le résultat final est en général bien éloigné de ce que nous avions imaginé.

Amma connaît la vérité suprême : Elle sait que les êtres et les objets auxquels nous aspirons ne pourront jamais combler nos rêves. Il est même fort probable qu'ils alimentent plutôt nos cauchemars. Si nous parvenons à acquérir ne serait-ce qu'un peu de détachement, cela nous apportera la paix et le contentement et nous évitera d'avoir inutilement le cœur brisé dans ce monde en perpétuel changement.

Un homme est allé au darshan et a demandé une épouse à Amma. Son désir fut exaucé assez vite et il s'est marié. Peu de temps après, il est revenu voir Amma et lui a demandé, un peu embarrassé : « Euh, Amma… J'ai changé d'avis. Pourrais-tu s'il te plaît la reprendre ? ». Telle est la nature du mental fluctuant. Pour trouver la plénitude, pour que nos besoins et nos désirs soient satisfaits, la seule voie est de découvrir notre relation intérieure avec notre propre Soi.

Au cours du voyage de la vie, nous rencontrons des milliers de gens qui éveillent en nous des émotions variées. Au lieu de développer un certain niveau de détachement, nous nous autorisons à éprouver des attirances et des aversions et laissons souvent ces émotions nous submerger. Nous demeurons ainsi esclaves des perceptions de nos sens.

Il y a quelque temps, à la fin des *bhajans*, alors qu'Amma était sur l'estrade pour l'*arati*, des bébés ont rampé jusqu'à elle et elle les a pris sur ses genoux. L'arati terminé, Amma est allée dans une autre pièce pour attendre quelques minutes, le temps que l'équipe de la sono prépare le matériel nécessaire pour enregistrer des bhajans. Pour mettre à profit ce moment de liberté, Amma m'a demandé de lui amener les bébés.

Je suis sortie les chercher, mais je n'en ai pas vu un seul. Quelques personnes me regardaient, les yeux écarquillés par le désir de rejoindre Amma, mais elles étaient vraiment beaucoup trop grandes. Je suis donc revenue lui dire que je n'avais pas trouvé de bébés.

Amma adore les enfants. Elle joue avec eux et leur donne de l'amour. Elle reflète alors leur parfaite innocence, mais elle demeure détachée intérieurement. J'ai un jour demandé à Amma comment elle pouvait aimer les enfants à ce point. « Oui, Amma adore les enfants, m'a-t-elle répondu. Elle aime entendre leur petits gazouillis. »

Nous sommes regardées en souriant. Pour plaisanter, j'ai terminé sa phrase : « ...Mais au bout de quelques minutes, elle est prête à les rendre à leurs parents parce qu'ils se mettent à pleurer ! »

Ceux qui vivent au milieu des tentations ont besoin de comprendre la nature réelle des objets du monde et les limites des relations humaines. L'amour pur ne diminue pas avec le détachement. Le vrai détachement rend au contraire notre amour plus fort et plus profond. Sans cette compréhension, la souffrance est inévitable.

Où que nous allions dans le monde, comprenons sa nature changeante, et ne prêtons pas trop d'attention aux vagues des pensées et émotions qui nous traversent. Amma nous rappelle sans cesse qu'il est impossible de trouver un bonheur permanent dans ce monde en perpétuel changement, impermanent. Pour trouver la source d'un bonheur authentique et durable, nous sommes finalement contraints de chercher à l'intérieur.

Une grande sage juive avait deux fils. Par une après-midi fatidique, ils furent tous deux frappés d'une terrible maladie et moururent presque sur-le-champ, avant que l'on ait le temps d'appeler de l'aide.

C'était un jour saint, et selon la loi juive, il faut être heureux et reconnaissant ce jour-là. Elle réussit tant bien que mal à mettre son chagrin de côté ; avec une vraie force, elle contraignit son mental à rester joyeux, plein de foi et d'amour, tout le long du jour.

Quand son mari rentra à la maison et demanda où étaient les enfants, elle ne voulut pas l'affliger. Elle lui dit simplement qu'ils étaient sortis.

Après le coucher du soleil, le jour saint ayant pris fin, elle exposa ce dilemme à son mari : Des années auparavant, un homme était venu et lui avait confié deux joyaux très précieux pour qu'elle veille sur eux. Il était récemment venu réclamer ce qui lui appartenait. Que devait-elle faire ?

Son mari lui répondit que ce qui lui avait été confié ne lui avait jamais appartenu et qu'elle devait les rendre. Elle acquiesça et lui dit alors que Dieu était venu prendre leurs deux fils.

Apprenant que ses deux fils chéris étaient morts, le mari se mit à pleurer. Mais son épouse le réconforta par ces mots : « Mon cher époux, ne viens-tu pas de dire toi-même que le propriétaire a le droit de récupérer ce qui lui appartient ? Dieu a donné et Dieu a repris. Béni soit son nom. »

La sainte de cette histoire nous donne un puissant exemple de détachement, mais ne vous méprenez pas sur le sens du message. Amma ne dit pas qu'il faut être heureux quand des choses terribles surviennent. Elle nous enseigne simplement à ne pas oublier la nature éphémère de ce monde : les objets et les êtres de la création finissent tous par retourner à la source. Tout appartient à Dieu seul.

Amma nous rappelle régulièrement que nous sommes arrivés dans ce monde les mains vides et que nous le quitterons de même. Personne, aucun objet, aucune possession ne nous appartient réellement.

Lorsque cette compréhension s'est installée dans notre cœur, les attachements et les négativités disparaissent naturellement et définitivement. Dieu seul nous accompagne tout au long du voyage ; Il/Elle nous serre contre Lui/Elle tout au long du chemin.

Si on se force trop vite au détachement, sans attendre le bon moment, en se contraignant à adopter certaines émotions et attitudes sans avoir acquis la juste compréhension, cela ne mène pas au but recherché mais engendre au contraire d'énormes souffrances. Si nous nous obstinons à chasser de force nos attachements sans que notre esprit ait acquis assez de maturité pour les dissoudre, ils risquent de revenir au galop avec leurs petits copains tapageurs : la jalousie et le mécontentement.

Il arrive souvent que quelqu'un vienne à Amritapuri « pour toujours », et veuille plonger tête baissée dans les formes les plus extrêmes de sadhana et de *tapas* (austérités). Ces personnes aspirent à devenir des ascètes des temps modernes et supplient Amma de broyer leur ego.

Mais quand les choses ne vont pas exactement dans le sens de cet ego, elles s'enfuient au plus vite en vociférant et en se plaignant de tout ! Il est si facile d'oublier que tout est la volonté divine.

Lorsque nous approfondissons notre compréhension et savons vraiment ce que nous voulons, pourquoi nous le voulons et comment atteindre cet objectif, alors tout ce qui en nous y faisait obstacle s'effondre naturellement, le moment venu.

Pour atteindre notre but, l'élément essentiel et magique, c'est la grâce. Il est facile d'obtenir la grâce d'Amma, mais quand il s'agit d'en devenir un réceptacle adéquat, le processus s'avère parfois très ardu. Un effort sincère, ancré dans le discernement, est requis pour garder la grâce qu'Amma répand en permanence sur nous.

Les gens sont souvent submergés et profondément touchés par la présence d'Amma, mais font-ils l'effort de venir au programme suivant ? Parcourir une courte distance leur semble parfois trop d'effort, alors qu'Amma, elle, fait le tour du monde pour venir à nous.

Beaucoup ne sont pas disposés à faire le moindre effort pour les choses essentielles, mais déplacent des montagnes pour de simples futilités. Nous attendons de la grâce qu'elle se répande sur nous sans effort de notre part, mais cela se produit rarement.

Je me rappelle une femme d'origine chinoise qui venait de Malaisie et qui était profondément émue et enthousiasmée par le darshan d'Amma. Son cœur débordait d'émotion. Comme elle se préparait à rentrer chez elle, je lui ai suggéré de venir au programme suivant. « Après tout, ce n'est qu'à trois heures d'ici, » lui ai-je fait remarquer.

« Non, m'a-t-elle répondu, c'est trop loin ».

Nous désirons vivre selon notre droit de naissance et boire à la fontaine de sagesse qui demeure en nous, mais nous refusons de faire les plus minimes efforts. Si nous continuons ainsi, le but, pourtant si proche, restera hors de notre portée.

Il y a une formule magique pour réussir : la grâce et l'effort, associés à une juste compréhension. C'est cela qui nous conduira au succès. Lorsque nous nous efforçons de faire de notre mieux, tout en gardant une attitude innocente, la grâce d'Amma s'écoule spontanément et naturellement vers nous.

Lorsque nous aurons appris à servir de façon désintéressée, sans attachement et sans jugement, sans attendre quoi que ce soit en retour, alors seulement nous connaîtrons le véritable amour.

Chapitre 16

La faculté de discerner

*« Il vaut mieux marcher seul plutôt qu'avec
une foule qui va dans la mauvaise direction »*

Diane Grant

Efforçons-nous d'entrer en relation avec les
autres sans jamais nous laisser envelopper et diriger par les émotions et les sentiments. Lorsque
nous réussissons à lever le voile que jettent sur
nous les émotions, nous discernons plus clairement le meilleur moyen d'avancer, ce qui nous
permet d'accomplir l'action juste, au moment
approprié et avec l'attitude adéquate.

En utilisant le discernement, nous nous
interrogeons : « Est-ce vraiment la vérité qui sous-
tend ce comportement ? Mon action porte-t-elle
la marque de mes jugements, de mes attirances et
aversions, ou bien est-elle juste ? Suis-je en train

de prendre la bonne direction ou au contraire de m'en éloigner ? »

User de discernement, c'est considérer les choses à partir du centre, sans être ballotté par les attirances, les aversions, ou un autre type de jugement influencé par les émotions. La faculté innée du discernement devrait présider à toutes nos actions. Dans ce monde trépidant, les gens l'utilisent néanmoins très peu. Comme l'a écrit le philosophe Voltaire : « Le sens commun n'est pas si commun, il est même fort rare. ».

Un jour, en plein milieu du tour du Nord, j'ai eu besoin d'une paire de chaussures. Je suis donc allée dans un magasin avec quelqu'un qui m'a encouragée à en acheter une paire neuve très onéreuse, que je n'aurais jamais choisie si j'avais été seule. Elle coûtait 1200 roupies, une véritable fortune pour une paire de chaussures. Mais la personne a insisté et m'a persuadée que j'en avais besoin. « Elles sont très bien pour toi et pour tes pieds, ces chaussures vont durer des années, » m'a-t-elle dit. Je n'avais vraiment pas envie de payer autant, mais j'ai fini par accepter, sans écouter la petite voix intérieure du discernement.

Le lendemain, nous sommes allés chez un dévot d'Amma et j'ai laissé mes chaussures neuves dans le camping-car afin de ne pas les perdre. Il s'est mis à pleuvoir, et le brahmachari responsable de ce programme pensa qu'il nous rendrait un grand service en sortant les chaussures du camping-car pour les mettre devant la porte. Il voulait nous éviter de marcher pieds-nus dans la boue et les flaques d'eau.

Malheureusement, Amma est sortie par une porte latérale, et non par la porte principale. Je l'ai suivie rapidement et me suis précipitée dans le véhicule.

Ce fut bien plus tard, alors que nous nous étions arrêtés sur la route pour prendre le thé et le dîner avec tout le monde, que je me suis demandée à haute voix où pouvaient bien se trouver mes nouvelles chaussures. Le brahmachari qui les avait déplacées est arrivé et m'a avoué qu'il avait sorti mes ravissantes chaussures toutes neuves pour les mettre devant la porte d'entrée de la maison que nous venions de quitter. Il avait simplement oublié de m'en informer.

Adieu la paire de chaussure la plus chère que j'aie jamais possédée ! Je ne l'avais même pas gardée vingt-quatre heures ! Je compris alors que j'aurais dû écouter mon discernement et en acheter de moins coûteuses, sachant bien que durant un tour en Inde, il y a de fortes chances de perdre ses chaussures.

Utilisons les valeurs spirituelles que nous avons développées pour prendre les bonnes décisions. Le discernement est une douce petite voix intérieure qui nous pousse toujours à faire le bien. Si vous restez tranquille, vous l'entendrez peut-être.

On dit que la faculté de discerner est la seule différence entre les animaux et les humains. Cette faculté mise à part, nous nous comportons de la même manière. Les animaux comme les hommes se nourrissent et défèquent, aiment leur progéniture et sont prêts à la défendre à tout prix. Il n'y a pas autant de différence entre les humains et les animaux que nous avons tendance à le croire.

Les animaux ne font que suivre leurs instincts naturels. Ils ne sont pourtant pas aussi égoïstes que nous le sommes fréquemment. En fait, les instincts naturels des animaux sont souvent plus purs et plus développés que les nôtres.

Nous savons tous ce que donne en anglais le mot « *dog* » (chien) épelé à l'envers (*God*, Dieu) !

Prenons l'exemple des chiens errants qui sont arrivés dans l'ashram il y a quelques années : ces chiots abandonnés se sont fait une place dans le cœur d'Amma et vivent avec elle, dans sa chambre. A dire vrai, ces chiens sont plus disciplinés que la plupart des gens. Ils vont à l'archana tous les matins ainsi qu'aux classes sur les Ecritures. Le soir, ils assistent fidèlement aux bhajans. Tumbhan, le mâle s'assied toujours près d'Amma sur le peetham, tandis que Bhakti, la femelle, occupe la plus humble des positions, sous le peetham, en-dessous d'Amma. Bhakti sait comment doit se comporter un chercheur spirituel. Elle attend qu'Amma soit assise avant de ramper délicatement sous son siège.

Je me souviens qu'il y a quelques années, quand Amma est partie le matin de l'autre côté de la lagune pour la célébration de son anniversaire, Bhakti était là. Et devinez qui attendait, patiemment, à la même place plus de vingt-quatre heures plus tard ? Bhakti. C'était Bhakti qui attendait humblement qu'Amma rentre à la maison. Nous sommes censés posséder du discernement, et on dit que les animaux n'en ont pas, mais seuls les humains trimbalent le lourd fardeau de leur égoïsme et de leur ego.

Les Ecritures disent que nous évoluons du stade de la plante vers celui de l'animal, puis de l'humain et enfin de la condition humaine à celle de Dieu. Un jour, nous serons tous absorbés dans la Conscience divine et nous comprendrons qui nous sommes réellement. Mais si nous n'usons pas de notre pouvoir de discernement, jamais nous n'atteindrons cet état suprême.

Amma dit que les années de l'adolescence sont celles durant lesquelles nos tendances animales remontent comme des bulles. Les expériences scientifiques actuelles le prouvent également. Les scientifiques nous enseignent que les jeunes adolescents n'ont pas la faculté de discernement parce qu'à cet âge, le cerveau du lobe frontal, où se situe le pouvoir de raisonner, n'est pas encore complètement développé. Cela explique pourquoi les enfants et les adolescents ont tendance à prendre des décisions sans réfléchir aux conséquences de leurs actions.

Il y a quelques années, durant une retraite à Seattle, un homme faisait consciencieusement son seva qui consistait à servir le thé à l'heure du repas. Des enfants vinrent lui demander du thé. Il pensa qu'ils étaient trop jeunes pour en boire et refusa de les servir, en disant que ce n'était pas possible. Fort mécontents, les gamins réclamèrent les mains sur les hanches : « On veut du thé ! On veut du thé ! »

« Non, ce n'est pas possible ! » vint la réponse. Un petit garçon passa alors de l'autre côté de la table. Il se pencha pour lui parler, mais avant qu'il comprenne ce qui lui arrivait, l'enfant se hissa, se saisit de la charlotte qu'il avait sur les cheveux (comme doivent en porter tous les serveurs) et lui en couvrit le visage.

Le temps qu'il se libère de la charlotte, les autres enfants attrapèrent des verres de thé et partirent en courant. Choqué, l'homme comprit qu'il avait été victime d'un gang de voleurs de thé, tous âgés de moins de huit ans !

Chez les adultes, la capacité de discerner devrait être plus forte, puisque le cerveau est complètement développé. Il faut cependant l'exercer et être conscient du fait que toutes nos actions ont des conséquences. Une fois que nous avons grandi et avons acquis une certaine maturité, que nous avons appris des expériences de la vie, nous devrions être capables d'user davantage de notre discernement. Lorsque nous l'utilisons, il se renforce.

Une adolescente dévote d'Amma m'a raconté qu'elle dut affronter des difficultés inattendues lorsqu'elle partit étudier à l'université. Elle n'avait jamais bu d'alcool ni pris de drogue de sa vie. Tout d'un coup, elle s'y trouvait confrontée en permanence. Parfois, c'étaient ses professeurs eux-mêmes qui lui offraient à boire, et il lui arriva de se retrouver dans des salles où tous les étudiants étaient sous l'effet de la drogue.

Elle avait très envie d'essayer ces substances interdites mais elle se retenait, parce qu'elle se souvenait de l'enseignement d'Amma. Tous les jours, elle récitait les 108 noms d'Amma, et répétait le mantra « Salutations à Amma qui désapprouve fermement le fait de voler, de nuire aux autres, et de consommer des drogues. » Les noms d'Amma lui donnaient de la force, mais son combat intérieur pour éviter la tentation était de plus en plus éprouvant. Finalement, elle résolut d'en parler à Amma.

Amma lui dit que c'était son usage correct du discernement qui lui avait épargné une erreur dangereuse. Elle ajouta : « Les drogues et l'alcool sont comme le feu. Tu sais qu'il ne faut pas en approcher les mains parce que tu es trop intelligente pour laisser les flammes te brûler. » La compagnie d'Amma nous insuffle beaucoup de qualités que nous n'aurions peut-être pas eues autrement. C'est un peu comme une osmose spirituelle. La compagnie des saints crée toujours une atmosphère favorable à notre croissance spirituelle. En nous montrant comment elle-même se comporte avec chacun dans des situations très diverses, Amma nous enseigne à réfléchir et à utiliser notre discernement.

Ecoutons ce que nous chuchote la voix intérieure du discernement. Elle est toujours là, attendant que nous ayons recours à elle, mais nous la négligeons bien souvent. Malheureusement, bien que nous soyons dotés de ce discernement, nous l'utilisons rarement. C'est la cause principale de nos souffrances.

Plaçons le discernement au premier plan et prenons nos décisions quand nous sommes à un niveau de conscience vigilante ; rappelons-nous que toutes nos actions ont des conséquences. Nos choix ont le pouvoir de nous rapprocher de Dieu, ou de nous en éloigner.

Balayez les obstacles qui vous barrent la route en utilisant le discernement en toute circonstance. Réellement, ce pouvoir demeure en nous. Essayez d'avoir l'attitude d'un enfant innocent qui écoute sa mère. Nous avons le devoir d'essayer. Amma nous pardonne toutes nos erreurs. N'ayez crainte, si vous chutez en raison d'une erreur de jugement, vous atterrissez simplement sur les genoux de la Mère divine : il n'y a pas d'autre endroit où tomber. Une fois que nous aurons appris l'art du discernement, le sourire intérieur ne nous quittera plus, quelles que soient les explosions et les éruptions chaotiques qui, à l'extérieur, sont susceptibles de nous menacer.

Chapitre 17

Apprendre à choisir

« Quel jour sommes-nous ? demanda Winnie
- Nous sommes aujourd'hui, couina Porcinet
-Mon jour préféré, répondit alors Winnie »

A.A. Milne

Il est incroyablement difficile de se libérer de la glu du mental. Il nous piège en permanence. Le mental humain est d'une énorme complexité, implacable, et malheureusement pour nous, il nous colle comme notre ombre et nous nous retrouvons scotchés sur place.

En dépit de nos espoirs et de nos désirs les plus sincères, le mental ne se calmera jamais, ne deviendra jamais notre ami, car il est programmé pour chercher le plaisir (mais il trouve en général le malheur). Tant que nous n'aurons pas atteint l'état de réalisation de Dieu, le mental continuera d'errer loin de la vérité et tentera de nous entraîner à sa suite.

Le but de la vie humaine est, dit-on, de trouver le vrai bonheur, mais notre mental le cherche toujours au mauvais endroit. Il est très facile de se laisser berner. Après tout, ce que nous croyons être est en grande partie le produit du mental incontrôlable et vagabond.

C'est pourquoi les traditions spirituelles nous fournissent de nombreuses méthodes qui permettent de prendre du recul et de devenir témoin du flot incessant de pensées qui nous traversent. Ces techniques nous aident à calmer le mental, à nous libérer des pensées qui s'agrippent et des émotions qui créent des attachements qui nous feront souffrir.

En vérité, nous ne sommes ni le mental ni le corps. Nous ne sommes pas les émotions. Nous sommes le Soi immaculé, témoin silencieux et permanent. Mais l'illusion, maya, recouvre obstinément ce Soi de milliers de pensées qui tourbillonnent. C'est cet état mental rempli d'attachements qui nous a causé tant de souffrances. Nous sommes complètement identifiés à notre corps et à nos émotions. Par conséquent, il nous est difficile d'imaginer que notre vraie nature est *l'Atman*, la Conscience suprême éternellement libre.

Nous affirmons vouloir progresser spirituellement, mais si nous nous contentons de remplir nos devoirs sans ouvrir notre cœur, il nous sera impossible d'avancer. Dans la plupart des situations nous connaissons la conduite juste, mais ce n'est pas toujours celle que nous choisissons. Efforçons-nous toutefois de faire ce qui est juste, même quand nous n'en avons pas envie. Cela nous aidera à dépasser nos limitations.

Nous étions un jour dans un petit avion qui nous emmenait de l'île Maurice à l'île de La Réunion, j'étais assise à côté d'Amma lorsqu'elle prit tout d'un coup ma main et se mit à regarder intensément ma paume.

Elle allait me dire ce qu'elle voyait, elle était sur le point de me dévoiler les secrets de toutes mes vies passées, lorsque quelqu'un est arrivé dans l'allée à côté de moi, m'a tapoté l'épaule et a chuchoté : « Puis-je poser une question à Amma ? »

Mes épaules se sont affaissées quelque peu, et j'ai hésité un instant. Je veux dire, combien de fois a-t-on l'occasion d'entendre Amma lire son passé et son futur ? Mais que pouvais-je faire d'autre qu'accepter ?

Avec une certaine réticence, j'ai souri et j'ai répondu : « D'accord. » Ce moment avec Amma s'en était allé. Nous n'y sommes jamais revenues.

C'est parfois difficile, mais essayez de ne pas trop écouter votre mental. Il tente systématiquement de vous empêcher de faire ce qui est juste. Le mental nous joue des tours en se justifiant avec sa propre logique tordue.

Il nous raconte des fadaises du style : « Le chocolat vient du cacao, qui est un arbre. C'est donc une plante. Ainsi, le chocolat, c'est de la salade ! »

Nous n'avancerons qu'en allant avec détermination au-delà du minimum requis. Si nous voulons vraiment croître spirituellement, il est essentiel de développer le discernement et d'apprendre à distinguer entre ce qui est éternel et ce qui ne l'est pas.

Sachons discerner ce qui nous conduira au bonheur durable, à la béatitude, et ce qui ne nous apportera qu'une joie éphémère (et finalement de la souffrance). User de discernement signifie choisir de se rapprocher de Dieu dans chacune de nos décisions.

Un homme venu en visite à l'ashram d'Amritapuri apprit qu'Amma donnait aux résidents des darshans privés dans sa chambre et n'était pas disponible pour donner le darshan aux visiteurs. Il quitta l'ashram et partit passer une semaine à la plage de Varkala, déplorant de ne pas avoir eu la possibilité de la voir.

Durant son absence, Amma fit appeler les visiteurs occidentaux dans sa chambre, et leur permit de rester en sa présence pendant plus d'une heure. Tout le monde était extrêmement heureux. Tout le monde, sauf cet homme. Quand il rentra de ses vacances à la plage, il fut profondément déçu d'apprendre à côté de quoi il était passé. Ainsi va la vie : si nous ne sommes pas vigilants, si nous nous écartons de la voie, nous manquerons sans nul doute de précieuses occasions.

Si nous connaissons tant de déceptions, c'est que nous n'utilisons pas correctement notre discernement. La cause de nos souffrances n'est autre que nous-mêmes. Lorsque nous employons notre discernement, nous prenons conscience qu'il y a une bonne raison à toutes les situations qui se présentent. Nous souffrons à cause de nos actions passées, mais c'est parfois difficile à comprendre car il faut parfois plusieurs vies avant qu'une cause karmique ne manifeste ses effets.

Tout ce qui nous arrive provient des actions accomplies dans le passé. Il nous faut inéluctablement récolter leurs conséquences. Rien n'est accidentel. Le principe de cause à effet joue en permanence. La bonne attitude, c'est de l'accepter. Il n'y a pas d'autres façons de vivre intelligemment. L'acceptation et le discernement sont une seule et même chose. Seul un cœur pur et ouvert est capable de s'adapter à toutes les situations.

Au lieu de nous rappeler cette vérité, nous luttons le plus souvent contre les circonstances, nous rejetons la faute, projetons nos jugements et notre colère sur les êtres et les choses qui nous entourent. Nous n'employons pas correctement notre faculté de discernement mais tournons au contraire les choses à la convenance de notre ego.

Si nous nous accrochons à notre souffrance et à nos expériences douloureuses au lieu de lâcher prise, c'est que nous n'avons pas su les considérer de la bonne manière. La psychologie occidentale nous incite à les revivre pleinement, à examiner en détail notre souffrance. La philosophie hindouiste nous enseigne en revanche qu'il faut tout simplement la lâcher.

Notre perception du monde n'est pas correcte, nous ne le voyons pas sous le bon angle. Si c'était le cas, rien ne pourrait nous blesser. Le discernement nous aide à comprendre la vérité : toutes les circonstances de la vie nous offrent des enseignements qui attendent de nous être révélés. Si nous utilisions correctement le discernement, jamais nous ne nous révolterions contre les gens et les situations que nous rencontrons.

Cela ne signifie pas qu'il faille accepter tous les comportements. Il y a un moment où il faut s'insurger contre ce qui n'est pas correct et lutter pour y mettre fin, par exemple dans le cas de violence familiale, ou dans toute autre situation de violence. Mais alors même que nous nous levons pour défendre la justice et le bien, gardons un certain degré de détachement et de discernement. (Personne en effet ne souhaite entendre dire qu'il a tort.)

Je n'oublierai jamais l'impact qu'eut sur moi un article que l'ai lu dans un journal au sujet d'un homme qui avait perdu connaissance et était tombé sur une voie ferrée. Une caméra de sécurité avait filmé des séquences où l'on voyait un autre homme sauter sur la voie à sa suite. On avait l'impression qu'il allait le secourir et lui sauver la vie. Quel choc de voir cet homme fouiller dans les poches de l'homme évanoui, s'emparer des objets de valeurs et partir en courant ! Il laissa l'homme sans défense couché sur la voie, où il était certain de se faire écraser par un train.

Ce fait-divers inspire une horreur absolue, mais il montre malheureusement avec justesse le triste état du monde d'aujourd'hui. Au lieu d'essayer d'aider les autres à se relever, les gens se font tomber mutuellement en se poussant, ils marchent sur les autres pour monter plus haut et les dévalisent au passage.

Nous sommes faits à l'image de Dieu, mais nous oublions constamment à quel point nous sommes précieux. Amma incarne le Divin inhérent à chacun de nous. Elle personnifie la conscience du fait que le Divin est partout et elle agit à partir de cette compréhension ; en toute situation, la sagesse de l'univers entier coule vers elle.

Amma utilise son discernement à la perfection et voit au-delà des tendances négatives. Elle voit Dieu en tout, dans la moindre parcelle de la création. C'est l'état le plus élevé auquel un humain peut accéder : voir la main de Dieu en tout. Lorsque nous acquerrons la faculté de voir les choses ainsi, nous comprendrons le pourquoi de tout ce qui se passe dans l'univers. De cette connaissance, une profonde compassion pour la souffrance de tous les êtres jaillit spontanément.

Amma a atteint le sommet ultime auquel notre potentiel humain peut accéder, mais nous n'en sommes pas là. Personne n'y parvient généralement parce que nos efforts en ce sens sont insuffisants. Amma réunit en elle ce que nous sommes supposés être, et même au-delà. Nous nous limitons à la médiocrité. Observer Amma, c'est comprendre pourquoi nous avons cette existence humaine et à quel point elle peut être noble. Voir vraiment Amma, c'est comprendre que le Divin réside réellement en chacun de nous, qu'Il est à notre portée. Un jeune homme lui demanda un jour : « Quel est le chemin le plus rapide pour atteindre l'illumination ? »

Amma lui répondit : « Rechercher l'illumination, c'est être dans la situation d'un homme affamé et épuisé, poursuivi par un lion dans une forêt. Dans un tel moment, peu importent la faim et la fatigue, on a toute l'énergie du monde pour s'enfuir. Pour atteindre le but, il faut avoir cette attitude.

Imagine que tu es sur le point d'être pendu et que quelqu'un te propose un million de dollars. Cela n'aura strictement aucune importance car tu essaies d'échapper au nœud coulant du bourreau. En cet instant, les possessions matérielles n'ont pour toi aucun attrait. La seule chose qui compte, c'est d'échapper à la mort. C'est ton attitude qui compte le plus. »

Tout en vivant dans le monde, comprenons la vraie nature des objets de ce monde et les limites des relations humaines. Sans cette compréhension, il est impossible d'échapper à la souffrance. Amma nous rappelle sans cesse que les phénomènes fluctuants de ce monde de l'impermanence ne peuvent pas nous apporter un bonheur permanent.

La faculté de discerner nous enseigne à nous tourner vers l'intérieur et à réaliser notre vraie nature, qui transcende les vagues fluctuantes du mental. Comprenons qui nous sommes et nous comprendrons les autres. Il n'y a pas d'autre moyen. Cette compréhension fait de nous un être humain complet et parfait. En fin de compte, si nous avons l'authentique volonté de trouver la source du bonheur durable, nous n'avons pas d'autre choix que de nous tourner vers l'intérieur.

Amma connaît Son Soi véritable, et c'est pour cela qu'elle a trouvé la béatitude suprême. Elle a dépassé le mental houleux, et a dissout les pensées agitées dans la fraîcheur d'un discernement pur. Elle s'abandonne à cent pour cent et vit en ayant foi à cent pour cent dans le Divin.

A l'inverse, notre mental ne progresse pas, il baratte ses innombrables pensées et ses doutes constants. Ceux-ci subsisteront jusqu'à la réalisation totale. Par chance, nous sommes également dotés de discernement, ce qui peut nous sauver à condition que nous l'utilisions.

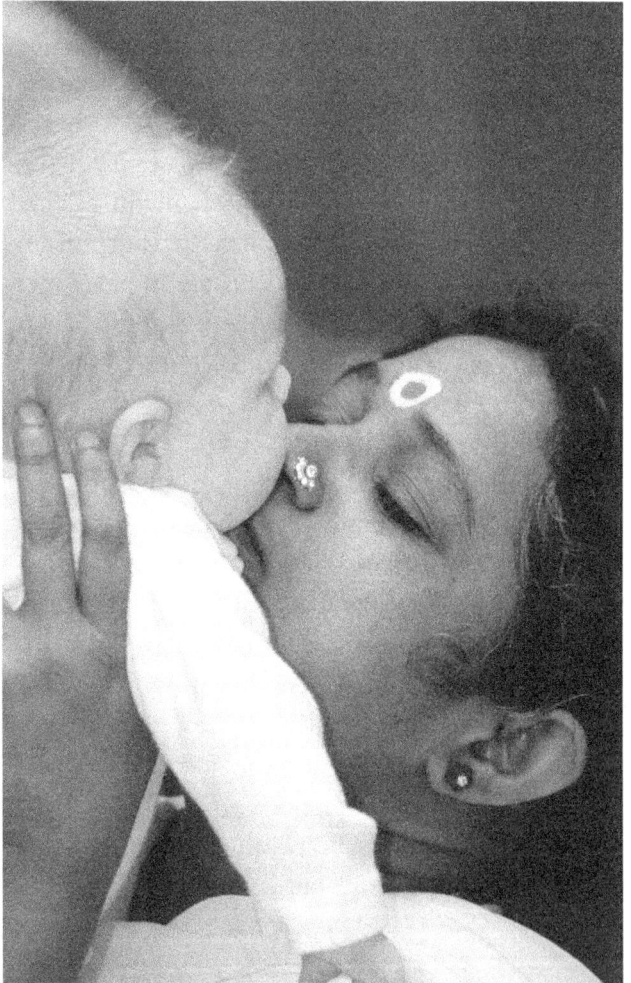

Chapitre 18

De la Conscience
à la Foi

« En réalité, il n'y a pas de nouveau message
spirituel à communiquer : « Tout est Dieu,
il n'y a que Dieu ». Voilà l'unique message.
C'est le seul message des Upanishads,
des Védas, de la Bhagavad Gita et des
Puranas. Nous parlons de 108 Upanishads ;
comprenons qu'il y a en fait 108 différentes
manières d'exprimer le même message ».

Amma, Guru Purnima 2012

Si nous parvenons à utiliser notre mental correctement en orientant notre énergie (nos pensées, nos idées et nos rêves) dans des directions
constructives grâce aux pratiques spirituelles,
nous aurons la vie beaucoup plus facile. Nul ne
promet qu'elle sera tout à coup plus agréable et

sans problème, mais elle sera remplie d'expériences incroyablement joyeuses.

Un *brahmachari* qui vit à l'ashram ne va jamais nulle part et comme il est très timide, il n'ose pas parler à Amma directement. A la place, il s'adresse à sa photo et c'est ainsi qu'il lui confie tous ses problèmes.

Quand il est allé au *darshan* privé dans la chambre d'Amma, il ne lui a rien demandé mais Amma, de son propre chef, a répondu l'une après l'autre à toutes ses questions, dans l'ordre exact où il les lui avait posées devant sa photo. Il en a été abasourdi.

Pour finir, elle lui a demandé :

« Comment est-ce que je sais toutes ces choses ? ».

« Amma, c'est parce que tu es Devi », a-t-il répondu.

« Non, a-t-elle dit avec douceur. C'est parce que tu as parlé à ma photo ».

Où que nous soyons, Amma nous entend. Elle est la preuve vivante que le pouvoir de l'amour dépasse de très loin les limites du temps et de l'espace.

Trop souvent, nous restons enfermés dans les limites créées par nos perceptions, ce qui nous empêche d'exprimer notre plein potentiel. Le mental est toujours rempli de doutes, mais la chaleur de l'amour véritable les fait fondre et permet à notre cœur de trouver la paix.

En 2015, quand nous sommes arrivés à Madurai pendant le tour du Sud de l'Inde, Amma s'est dirigée directement vers le hall pour servir le dîner à tout le monde. C'était le jour de Pongal, la fête du nouvel an dans l'état du Tamil Nadu, jour sacré pour les Tamouls.

Amma a servi le repas à tous les dévots et a chanté des *bhajans*. Puis, pendant que nous terminions notre dîner, elle a demandé si quelqu'un voulait raconter une histoire drôle. Une femme a pris le micro et était sur le point de parler quand Amma l'a regardée et a été prise d'un fou rire interminable.

La femme, profondément émue, s'est mise aussitôt à pleurer. En larmes, elle a raconté que la veille, son mari lui avait demandé de préparer du *payasam* (pudding sucré) pour Amma, en disant qu'elle risquait d'en réclamer. Mais trop occupée par son seva qui consistait à organiser le transport des dévots vers le lieu du programme, elle n'a pas écouté son mari.

« Pourquoi Amma me demanderait-elle de lui cuisiner du *payasam* ? se dit-elle. Il y a tant de dévots plus riches et plus influents. Je ne suis pas quelqu'un d'important, alors pourquoi voudrait-elle que ce soit moi ? ».

Lorsqu'Amma a traversé le hall, elle s'est immédiatement tournée vers cette femme et lui a demandé où était son *payasam*. La femme pleurait encore en relatant tout ceci à Amma, répétant encore qu'elle n'était qu'une personne sans importance.

Amma l'a regardée avec une immense douceur et a répondu : « Personne n'est insignifiant pour Amma. Amma aime tout le monde, peu lui importe qu'il s'agisse d'une personne haut placée ou d'une simple femme au foyer. Chacun est spécial pour elle ». Puis, elle lui dit qu'au moment où elle avait pensé à lui préparer le *payasam*, Amma l'avait perçu.

Essayer de se relier à la vaste sphère de pensée d'Amma, voilà qui est beaucoup plus beau que de s'égarer dans la *maya* de notre esprit constamment changeant.

Développons une vigilance consciente et vivons dans le moment présent au lieu d'encombrer notre esprit de tout ce qui n'est pas notre véritable nature.

Le mental est un flot constant de pensées. Il se fixe sur toutes sortes de choses et n'est jamais dans le moment présent ; il s'accroche à chaque émotion qui le traverse. Or, aucune d'entre elles n'égalera jamais le précieux joyau que nous sommes en réalité.

Nous pensons : « Oh, je suis comme ça. ». C'est alors que nous sombrons pour longtemps dans la dépression, incapables d'en sortir, leurrés par le fantôme de nos émotions.

Ces petites voix, constamment présentes dans le mental, n'ont aucune substance et changent à chaque seconde : « Je déteste cette personne », « Je suis jaloux de celle-ci », « Je suis tellement nul », etc.

Ces versions erronées de la réalité le nourrissent continuellement et nous les acceptons sans résister, comme un enfant sans défense.

Dans ce combat contre le mental, notre meilleure alliée est une vigilance aiguisée. Grâce à elle, nous prenons conscience du fait que nous ne sommes pas les pensées. Lorsque nous luttons consciemment contre elles, cela ne fait parfois que les renforcer.

Vouloir stopper le flot des pensées et des désirs est une entreprise quasiment impossible qui conduit, le plus souvent, à l'anxiété ou à la dépression. Essayons de discipliner le mental en cultivant l'acceptation et le détachement, tout en gardant conscience de notre véritable nature.

Amma est notre pierre philosophale. Lorsque nous concentrons nos pensées sur elle, nos pulsions les plus sombres s'en trouvent purifiées. Elle s'offre à nous comme un instrument qui métamorphose notre négativité en béatitude issue de notre lien avec elle.

Lorsque nous pensons à elle, notre esprit prend une direction constructive qui met un terme aux façons de penser destructrices qui lui sont habituelles. Elle polit nos arêtes tranchantes et nous ramène vers le Divin. C'est ainsi que nous reprogrammons le mental et l'orientons vers la joie.

Une année, au Japon, un homme âgé titubait derrière Amma pendant qu'elle quittait le hall. A en juger d'après son comportement, il semblait alcoolique ou malade. Il hurlait après les Japonais qui l'entouraient alors que ceux-ci lui témoignaient beaucoup de gentillesse et de respect.

Quand il est arrivé près d'Amma, il a interrompu net sa tirade et s'est adouci. Le lendemain, il est arrivé tôt le matin et est entré dans le hall tout souriant et rieur, il était devenu très paisible.

Amma est l'incarnation même de l'amour. Elle apaise la bête sauvage en chacun de nous.

Il est difficile de garder son esprit empli de nobles qualités telles que la compassion, l'empathie et l'amour. Mais les pratiques spirituelles comme la récitation des *mantras*, la méditation, les dons et le service désintéressé nous occupent à de bonnes actions et nous procurent en outre de la joie. Aider autrui est à coup sûr bénéfique et nous permet aussi d'acquérir une meilleure autodiscipline.

Lorsque notre cœur s'ouvre et que nous allons vers les autres, embrassons un enfant ou essuyons les larmes d'une personne malheureuse, nous sommes en harmonie avec la vérité, avec l'amour désintéressé. L'amour est notre véritable

nature. C'est ainsi que vit Amma et qu'elle souhaite que nous vivions.

Voici l'histoire très émouvante d'un dévot sincère d'Amma.

Bien qu'il soit très pauvre, il consacre la plupart de son temps à servir comme bénévole dans la cuisine de l'*ashram*. Lorsque la date du mariage de sa fille fut fixée, il était au comble du bonheur. Mais à l'approche de ce jour, son bonheur s'est transformé en appréhension : il n'avait pas assez d'argent pour organiser la cérémonie.

Les cartes d'invitation étaient imprimées mais, faute de moyens, seul un petit nombre de personnes avaient été invitées. Il a décidé d'aller au *darshan* et de donner en primeur à Amma la carte d'invitation, espérant être ainsi soulagé de son stress.

L'homme a pris son ticket de *darshan*, a fait la queue pendant des heures et est arrivé finalement dans les bras d'Amma. A la fois submergé de joie et de chagrin, il lui a donné la carte d'invitation mais il y avait tant de monde qu'il a été tiré sur le côté et a manqué son *darshan*. Comme il avait déjà donné son ticket, il lui était impossible d'y retourner. Il était accablé de ne pas avoir pu confier ses problèmes à Amma.

Assailli par l'inquiétude, il se demandait comment il allait trouver l'argent nécessaire pour l'organisation du mariage. Il est parti s'asseoir à la cantine et s'est mis à pleurer.

Un des amis de ce père éploré a remarqué son désarroi et s'est approché pour le consoler. Pendant qu'ils étaient en train de parler, un dévot de Singapour s'est joint à eux.

Après avoir entendu toute l'histoire, l'homme de Singapour a sorti une enveloppe de sa poche et l'a tendue au père.

« Prends-la, dit-il, et cesse de t'inquiéter ».

Puis, il s'est levé et il est parti.

Le vieil homme a ouvert délicatement l'enveloppe et a vu qu'elle contenait 50 000 roupies. Il fut sidéré et atterré. Dans son esprit, il lui était impossible d'accepter ce don et il a couru rattraper le dévot.

Il l'a remercié puis lui a confié qu'il ne pouvait pas accepter une telle somme. Il répétait qu'Amma allait s'occuper de tous ses besoins et a voulu lui rendre l'enveloppe.

« Considère cet argent comme un cadeau d'Amma, lui a répondu calmement le dévot. Je n'ai pas l'intention de le reprendre. Il est destiné à payer les frais du mariage de ta fille ».

Amma n'est pas limitée à son corps physique. Elle œuvre à travers chacun d'entre nous, est toujours avec nous, que nous en soyons conscient ou pas.

Les moyens qu'elle utilise pour nous combler de sa grâce sont merveilleux. Elle le fait souvent quand et où nous nous y attendons le moins.

Sa grâce est suffisante pour nous permettre de vivre dans la paix et le contentement, même quand nous sommes cernés par les problèmes.

Une petite fille m'a demandé un jour :

« Quelle est la meilleure clé pour trouver le bonheur ? ».

« C'est très simple, ai-je répondu, oublie-toi toi-même et pense aux autres. »

Une fois que nous aurons arraché les mauvaises herbes des tendances négatives qui poussent en nous, la libération sera nôtre.

Nous ne connaîtrons la liberté ultime et la béatitude que si notre vie est fondée sur les principes de la spiritualité, mais nous avons besoin d'une étoile polaire pour nous guider.

Avec abnégation, Amma s'offre comme étoile polaire au monde. Guidés par elle, nous connaîtrons un jour la vérité qui transcende tous les doutes, nous en ferons l'expérience : « Je suis le Soi, je suis pure Conscience, je suis Béatitude ».

Et pour cause : telle est la nature réelle de toute chose.

www.ingramcontent.com/pod-product-compliance
Lightning Source LLC
LaVergne TN
LVHW051733080426
835511LV00018B/3025